Guia Valor ECONÔMICO de licitações

Guia Valor ECONÔMICO de licitações

por Henrique Gomes Batista
e Cristine Prestes

EDITORA
GLOBO

EDITORA GLOBO

© 2004 Cristine Prestes e Henrique Gomes Batista
© 2004 Editora Globo S.A. para a presente edição
© 2004 Empresa Valor Econômico S/A para a marca Valor Econômico

Edição: Eliana Rocha
Revisão: Joana Tuttoilmondo
Projeto gráfico, direção de arte e editoração eletrônica: A2 Publicidade

EDITORA GLOBO S.A.
Av. Jaguaré, 1485
São Paulo, SP, Brasil
CEP 05346-902
Tel: (0xx11) 3457-1555
e-mail: atendimento@edglobo.com.br
site: www.globolivros.com.br

Todos os direitos reservados. Nenhuma parte desta edição pode ser utilizada ou reproduzida – por qualquer meio ou forma, seja mecânico ou eletrônico, fotocópia, gravação etc. – nem apropriada ou estocada em sistema de banco de dados, sem a expressa autorização da editora.

1ª edição

Dados Internacionais de Catalogação na Publicação (CIP)
(Câmara Brasileira do Livro, SP, Brasil)

Prestes, Cristine
    Guia Valor Econômico de Licitações / por
Cristine Prestes, Henrique Gomes Batista – São Paulo: Globo, 2004.

ISBN 85-250-3748-6

1. Licitações – Guias 2. Licitações – Brasil
3. Licitações – Leis e legislação – Brasil
I. Batista, Henrique Gomes. II. Título

04-0461   CDU - 351.712.2.032.3 (81)

Índices para catálogo sistemático:
1. Brasil: Guias: Licitações: Direito administrativo
    351.712.2.032.3 (81)
2. Guias: Licitações: Brasil: Direito administrativo
    351.712.2.032.3 (81)

Impressão e acabamento:

PREFÁCIO

Em todo o mundo, as contratações com o Estado são muito cobiçadas. Desde as gigantescas corporações empresariais até o microempresariado, todos desejam esse mercado. Mas conquistá-lo é um desafio e tanto.

O primeiro passo para o sucesso empresarial na área é compreender a lógica do sistema legal das contratações públicas. Nele, não há lugar para a flexibilidade das negociações privadas. Dois valores são fundamentais para o Estado: a máxima competição entre fornecedores e o controle democrático das despesas públicas. Isso obriga a que as contratações sejam feitas por meio de procedimentos administrativos formais. Aí entra a licitação.

O *Guia Valor Econômico de Licitações*, nascido da parceria entre o jornal *Valor Econômico* e a Editora Globo, é uma ajuda fundamental para explorar as possibilidades do mercado público. Explica com simplicidade e segurança as regras legais, cuja compreensão é difícil para os não-iniciados. Localiza os problemas, sugerindo os cuidados pertinentes. Mais ainda: identifica as boas oportunidades para as empresas menores, mostrando como aproveitá-las. A maior contribuição do guia, porém, talvez seja revelar a verdadeira revolução que vem ocorrendo no setor.

O mercado estatal sempre foi muito fechado no Brasil. No início, porque os fornecedores eram escolhidos discricionariamente ou em licitações dirigidas. A partir da redemocratização, na metade da década de 1980, foi se desenvolvendo uma legislação bem intencionada, que melhorou as coisas, mas pecou por confiar demais nas virtudes do formalismo. O resultado não foi o ideal: as licitações se tornaram complexas e conflituosas, retirando da administração a capacidade de gestão. Para sair da paralisia, em 1998 o governo patrocinou mudanças que reduziram o espaço das licitações. Muitos acreditaram, então, na irreversibilidade da fuga do Estado para formas privadas de contratação.

Mas em 2000 veio a reviravolta, com o nome de pregão. Quando concebi esse instrumento, acreditava que a licitação podia – e devia – ser reinventada no Brasil. Deu certo. Hoje, temos um procedimento rápido, barato, muito competitivo, compatível com o governo eletrônico. É preciso, agora, explorar ao máximo seu potencial. Este guia vai ajudar as empresas a fazê-lo.

Carlos Ari Sundfeld
Professor das escolas de direito da Pontifícia Universidade Católica de
São Paulo (PUC/SP) e da Fundação Getúlio Vargas de São Paulo (FGV/SP), e
presidente da Sociedade Brasileira de Direito Público

SUMÁRIO

Capítulo 1
UMA OPORTUNIDADE DE NEGÓCIOS

O que é uma licitação? 12
Qual a abrangência das licitações? 13
Por que as licitações são necessárias? 14
Quais os princípios que norteiam as licitações? 15
Quem faz licitações? 16
A licitação é obrigatória? 17
O que o poder público compra? 18
O que o governo federal licita? 20
O que os governos estaduais licitam? 21
Qual o volume de compras dos Estados? 22
O que os governos municipais licitam? 24
Por que participar de uma licitação? 26
Há desvantagens em participar de uma licitação? 27
Quem participa de licitações? 28
Há mercado para todos? 29
A microempresa que cresceu participando de licitações 30

Capítulo 2
POR DENTRO DAS LICITAÇÕES

Quais são as regras das licitações? 34
Todas as normas estão na Lei de Licitações? 35
Quais são as formas de licitar? 36
Quais são os critérios de escolha de uma modalidade de licitação? 37
Quando a administração pública não precisa fazer licitação? 38
O que é concorrência? 39
O que é tomada de preços? 40
O que é convite? 41
O que é concurso? 42
O que é pregão? 43
Quais as diferenças entre as modalidades? 44
O que são tipos de licitação? 45
Quais são as diferenças entre os tipos de licitação? 46
Quais são as fases de uma licitação? 48
O que é edital de licitação? 50
Como se obtém o edital de uma licitação? 52
Quem coordena as licitações? 54
Sites que você precisa conhecer 54
O leilão: quando o poder público quer vender 56

Capítulo 3
COMO PARTICIPAR DE UMA LICITAÇÃO

Como saber se estou apto a participar de uma licitação? ..60
O que é habilitação? 61
Como se faz a habilitação jurídica? 62
O que é regularidade fiscal? 63
Como comprovar a qualificação econômico-financeira? ...64
Como comprovar a qualificação técnica? 66
Como apresentar os documentos na licitação? 68
Como reduzir a burocracia utilizando
    o pré-cadastramento? 69
Como formar um consórcio? 70
Como estabelecer o preço para a proposta? 71
Como as propostas são avaliadas? 72
A avaliação é definitiva? 73
Como é feita a escolha do vencedor da licitação? 74
Qual é a validade da homologação? 75
Como as grandes empresas se armam
    para ganhar as licitações? 76

Capítulo 4
O PREGÃO

Como surgiu o pregão? 80
O que o pregão traz de novo? 82
O que pode ser licitado por pregão? 83
Como funciona o pregão? 84
O que é pregão eletrônico? 85
Como funciona o pregão eletrônico? 86
Estado de São Paulo:
    110 mil itens comprados pelo pregão eletrônico 88

Capítulo 5
GANHEI, E AGORA?

Quando assino o contrato? 92
Quais os documentos necessários para a assinatura? 93
Quem é o gestor do contrato? 94
Quais as competências do gestor do contrato? 95
Quando começo o fornecimento? 96
Como faço a entrega do produto ou serviço? 97
Posso aumentar o valor do contrato? 98
O que é aditamento do contrato? 99
É possível prorrogar o contrato? 100
É possível rescindir o contrato? 101
Quando posso flexibilizar o contrato
    sem enfrentar problemas? 102

Capítulo 6
OS PROBLEMAS DAS LICITAÇÕES

Quando uma licitação apresenta problemas? 108
O que é um pedido de esclarecimento? 109
O que significa impugnar um edital? 110
Por que editais são impugnados? 111
O que é um recurso administrativo? 112
Quais são os prazos para a apresentação de recurso? 114
É possível contestar uma licitação na Justiça? 115
Como comprovar que há excesso de exigências? 116
Como se percebe que uma licitação
 está direcionada a um fornecedor? 116
Quais são as sanções administrativas previstas na lei? 117
Quais são os crimes cometidos em licitações? 118
Quando a licitação se torna um negócio arriscado 120

Capítulo 7
MUDANÇAS NAS LICITAÇÕES

A Lei de Licitações pode mudar? 124
Por que modificar a legislação? 125
As licitações podem ser mais eficientes? 126
Como a tecnologia pode ajudar a licitação? 127
O que muda na prática? 128
O aspecto social das licitações 130

A história das licitações 132
Glossário 134
Bibliografia 140

UMA OPORTUNIDADE DE NEGÓCIOS

O PODER PÚBLICO É O MAIOR COMPRADOR DO PAÍS

Os 5.561 municípios, 27 Estados e a União representam compras de R$ 120 bilhões ao ano

UMA OPORTUNIDADE DE NEGÓCIOS
O PODER PÚBLICO É O MAIOR COMPRADOR DO PAÍS

O que é uma licitação?

Licitar é a forma utilizada pelo poder público para realizar suas compras e vendas

Licitação é o procedimento necessário para que a administração pública – ou seja, os governos federal, estaduais e municipais e os órgãos públicos associados a eles – adquira bens e serviços e venda bens que não lhe servem mais, sempre com o objetivo de obter a proposta mais vantajosa. A licitação é a regra padrão para qualquer atuação do poder público nesse sentido, mas, mesmo quando ela não é utilizada, a previsão para a compra e venda de bens deve necessariamente estar disposta em lei.

A licitação, no entanto, não é um único procedimento, mas um conjunto de regras construídas para atender às diversas necessidades da administração pública, que vão desde a compra de bens simples, como material de escritório para órgãos públicos, até a obtenção de um avião para transportar o presidente da República, uma plataforma de petróleo ou um reator nuclear; do reparo da fachada de uma escola municipal até a construção de uma hidrelétrica, uma estrada ou uma linha de metrô; da contratação de uma empresa que realize serviços de limpeza em um hospital público até o projeto de uma cidade como Brasília, um sistema de comunicações que interligue o país com qualquer outra localidade do mundo ou o tratamento de esgoto de uma cidade como o Rio de Janeiro.

Em suma, toda compra pública, qualquer que seja seu tamanho ou valor, deve passar por uma licitação.

Qual a abrangência das licitações?

Compra-se mais por meio de licitações do que a maior das empresas brasileiras adquire com seus negócios

A amplitude do universo abrangido pelas licitações é imensa. Some-se o poder de compra dos 5.561 municípios, dos 27 Estados e da própria federação, com todas as suas estatais, fundações, autarquias e sociedades de economia mista, e temos o maior poder de compra do país e da América Latina. Estimativas indicam que, em 2003, os governos gastaram através de licitações a impressionante cifra de R$ 120 bilhões, mais que duas vezes o preço de mercado da Petrobras, a maior empresa do país.

Esse é um dos motivos que faz com que o poder público não possa simplesmente agir como qualquer empresa privada. Daí o surgimento da licitação, uma forma de padronizar e organizar as compras públicas para que esse imenso poder de compra não seja utilizado de forma a favorecer a iniciativa privada em detrimento da sociedade.

As regras para a definição dos critérios para as compras públicas valem em todo o território nacional – desde a presidência da República até o menor município do país – e para todo e qualquer tipo de contrato dos órgãos públicos. Garante-se, dessa forma, que os princípios éticos necessários ao trato do dinheiro público sejam respeitados.

UMA OPORTUNIDADE DE NEGÓCIOS
O PODER PÚBLICO É O MAIOR COMPRADOR DO PAÍS

Por que as licitações são necessárias?

O poder público deve seguir alguns princípios previstos na Constituição Federal

A licitação surgiu para satisfazer princípios de direito administrativo previstos na Constituição Federal, como isonomia, legalidade, impessoalidade, moralidade, igualdade, publicidade, probidade administrativa, vinculação ao instrumento convocatório e julgamento objetivo – que norteiam toda a legislação que trata das licitações no Brasil. Mas a licitação atende, acima de tudo, ao princípio de que a administração pública somente pode fazer o que a lei autoriza – ao contrário das empresas privadas, que podem fazer tudo o que a lei permite –, e quando e como ela autorizar.

O principal motivo da licitação é garantir que o poder público compre sempre pela proposta mais vantajosa, assegurando o bom uso do dinheiro público. A partir desse conceito básico, todos os demais princípios se desenvolveram. Se a administração pública privilegia uma empresa ou um grupo de amigos, certamente está excluindo propostas que poderiam custar menos ao governo. Da mesma forma, se o objetivo é comprar sempre o melhor pelo menor preço, é importante que todos os agentes econômicos que atuem no setor da licitação conheçam o interesse do órgão público em comprar. Esse é o raciocínio que está por trás de todos os demais princípios básicos da licitação.

Quais os princípios que norteiam as licitações?

As regras éticas que devem ser cumpridas pelos órgãos públicos estão claras na lei

Desde a Constituição de 1988, e com o amadurecimento da democracia no Brasil, a sociedade não aceita mais o mau uso do dinheiro público. O aumento da cidadania nacional repercutiu na Lei de Licitações, que traz em seu texto regras éticas rigorosas para a contratação de empresas pelo poder público, inclusive prevendo punição para quem faltar a esses princípios. Princípio, aqui, quer dizer preceito fundamental para que ocorra qualquer licitação. E os princípios éticos constam da própria Lei de Licitações, que os define logo no início da legislação, o que demonstra a importância do assunto.

OS PRINCÍPIOS DA LICITAÇÃO

Princípio	O que é
Isonomia	É a igualdade jurídica, ou seja, tratamento igual aos iguais.
Legalidade	É a vinculação dos atos do administrador à lei.
Impessoalidade	A finalidade deve ser sempre o interesse público, e nunca o interesse próprio ou de terceiros.
Moralidade	A atividade do administrador deverá ser legal, justa, conveniente, oportuna, ética e honesta.
Igualdade	Qualquer ato deve dar o mesmo tratamento aos licitantes, sem favoritismo ou parcialidade.
Publicidade	É a divulgação do ato para conhecimento público.
Probidade administrativa	É a moralidade somada à eficácia do administrador.
Vinculação ao instrumento convocatório	O administrador não pode se desviar do edital, a lei interna da licitação.
Julgamento objetivo	São os fatores concretos e os critérios objetivos previstos no edital.

Fonte: RHS Licitações

UMA OPORTUNIDADE DE NEGÓCIOS
O PODER PÚBLICO É O MAIOR COMPRADOR DO PAÍS

Quem faz licitações?

A lei obriga a administração pública a licitar quando se trata de recursos públicos

Todos os órgãos e entidades que recebem dinheiro público, ou seja, recursos provenientes da sociedade, são obrigados a agir com cautela, garantindo a transparência na sua aplicação.

Na prática, isso significa que tanto a administração direta – ministérios e secretarias de Estado – quanto a administração indireta – órgãos de apoio dos governos – devem obrigatoriamente promover licitações para contratar com o setor privado. Ou seja, todos os governos, desde a presidência da República até os ministérios, Estados e prefeituras e suas secretarias, além das empresas estatais, autarquias, fundações e sociedades de economia mista, assim como órgãos do Judiciário e do Legislativo nos níveis federal, estadual e municipal, devem utilizar a licitação para comprar bens e contratar serviços. Até mesmo órgãos como universidades, hospitais públicos e as Forças Armadas precisam seguir as mesmas regras, por mais que tenham urgência em suas aquisições.

ENTENDA OS TERMOS

Empresa estatal	É aquela cujo controle societário pertence ao governo. Pode ser de dois tipos: empresa pública, cujo capital está em sua totalidade nas mãos do governo, e sociedade de economia mista.
Autarquias	São entidades autônomas, com personalidade jurídica de direito público, patrimônio e receita próprios, que executam de forma descentralizada atividades típicas de administração pública.
Fundações	Detêm personalidade jurídica própria e são instituições destinadas a um fim específico. Elas necessitam licitar quando forem mantidas com recursos públicos, quando tiverem controle estatal ou desenvolverem atividade administrativa do Estado.
Sociedades de economia mista	São aquelas em que o capital votante majoritário é subscrito pelo Estado e o minoritário pela iniciativa privada, tendo como objetivo a prestação de serviço público ou exploração de atividades econômicas

A licitação é obrigatória?

Nem sempre o poder público precisa licitar para adquirir bens e serviços

Por lei, todas as compras públicas devem seguir as regras das licitações. Mas há, na própria norma, permissão para a contratação sem licitação em casos específicos, desde que fundamentada. Essas permissões, no entanto, são exceções à regra.

Diante dessa obrigatoriedade, é possível perceber a importância desse mercado para as empresas privadas que desejem contratar com os órgãos públicos e a necessidade de conhecer a lei.

A lei é bem clara: há poucas situações em que as compras sem licitação são permitidas. De forma geral, isso ocorre em situações de emergência comprovada ou quando a compra envolve contrato de valores muito baixos, caso em que a licitação custaria mais ao órgão público que o próprio contrato.

Apesar de ser exceção, a permissão para que os órgãos públicos adquiram bens ou serviços sem licitação representa somas consideráveis. Basta ver as compras realizadas pelo governo federal em 2002: do total de R$ 14,2 bilhões, nada menos do que 48,8%, ou R$ 6,9 bilhões, foram gastos sem licitação. No Estado de São Paulo, esses números são um pouco diferentes. Somente 29,4% das compras de bens do governo paulista foram feitas sem licitação.

A COMPRA DE BENS NO ESTADO DE SÃO PAULO EM 2002

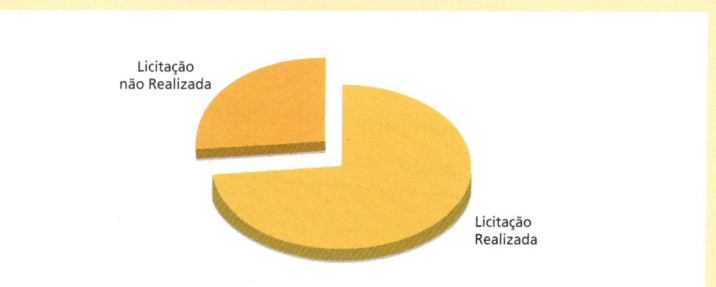

Fonte: Secretaria da Fazenda do Estado de São Paulo

UMA OPORTUNIDADE DE NEGÓCIOS
O PODER PÚBLICO É O MAIOR COMPRADOR DO PAÍS

O que o poder público compra?

Com exceção de cigarros, absolutamente tudo: da simples água mineral até um tanque de guerra

A cada dia o poder público federal, estadual e municipal tem cerca de 11 mil editais de licitação abertos, um potencial imenso de negócios para as empresas privadas. Portanto, é bom a empresa ficar atenta às licitações abertas no seu setor de atuação, pois às vezes a falta de informação pode significar perda de um bom negócio.

A única mercadoria que nenhum órgão público pode licitar no país é o cigarro. Até mesmo bebidas alcoólicas podem ser adquiridas por licitação, e usualmente o são, principalmente para eventos sociais como recepções diplomáticas. Com exceção do cigarro, tudo é comprado, desde produtos simples, adquiridos por toda a população, até os mais complexos e específicos para uso governamental.

Mas não são somente bens de consumo que os órgãos públicos adquirem. É cada vez mais comum a contratação de empresas prestadoras de serviço pelo poder público, que tem passado por processo semelhante à iniciativa privada no que se refere à terceirização.

No Estado de São Paulo, a contratação de serviços já supera em muito a compra de bens. Em 2002, o governo paulista gastou R$ 4,024 bilhões com serviços, ou seja, 73,1% do orçamento de R$ 5,5 bilhões destinados às compras governamentais, e esse montante refere-se apenas à administração direta, sem contar as dezesseis empresas públicas do Estado.

LICITAÇÕES REALIZADAS POR SETOR NO PAÍS EM 2003*

Setor	Número de licitações
Construção	23.173
Saúde	17.427
Transporte/combustíveis	16.008
Informática/telecomunicação	11.049
Alimentação	10.666
Escritório/didático	9.637
Higiene, limpeza e manutenção	7.532
Máquinas e equipamentos	5.755
Publicidade, propaganda e audiovisuais	2.351
Serviços técnicos/administrativos	2.075
Segurança	1.973
Uniformes e tecidos	1.619
Agrícola	1.289
Ar condicionado	1.221
Sinalização e comunicação visual	786

Segundo o banco de dados da RHS Licitações, que inclui licitações realizadas nos níveis federal, estadual e municipal
nte: RHS Licitações

UMA OPORTUNIDADE DE NEGÓCIOS

O PODER PÚBLICO É O MAIOR COMPRADOR DO PAÍS

O que o governo federal licita?

As compras do maior consumidor do país são maiores do que as dos grandes grupos varejistas brasileiros

Em 1997, o governo federal realizou 2.060 licitações, nas quais foram despendidos R$ 8,4 bilhões. Em 2001 foram gastos R$ 14,2 bilhões, porém distribuídos em 41.549 licitações. Uma única compra de um produto muito consumido pelo governo pode ser pouco producente, já que haverá custos de armazenamento e distribuição, e um direcionamento para as grandes empresas, contrariando a tese de que a licitação deve ser a mais ampla possível.

O maior comprador do país é sem dúvida o governo federal. Os números de suas compras impressionam. Sem contar o que foi gasto pelas empresas estatais e em obras e serviços de engenharia, como a construção de estradas, o valor despendido pelo governo em 2001 foi maior do que a soma das vendas dos dois maiores grupos varejistas do país: o Pão de Açúcar e o Carrefour.

Mas quem pensa que o tamanho desse consumidor faz com que ele só adquira grandes lotes – o que limitaria a participação de micro e pequenas empresas nesse imenso filão de mercado – está enganado: embora em última instância o comprador seja um só – o governo federal –, a administração do dinheiro e a aquisição de bens e serviços são descentralizadas. Às vezes, uma pequena subsecretaria de um ministério pode, sozinha, comandar toda uma licitação.

Dessa forma, embora essa divisão administrativa vá adquirir o mesmo bem que suas similares, haverá diversos contratos separados.

VALOR TOTAL DAS COMPRAS DO GOVERNO FEDERAL NOS ÚLTIMOS ANOS*

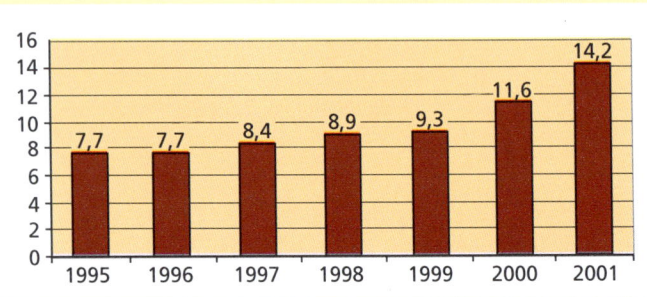

Ano	Valor
1995	7,7
1996	7,7
1997	8,4
1998	8,9
1999	9,3
2000	11,6
2001	14,2

* Os dados referem-se apenas à administração direta.
Fonte: Ministério do Planejamento, Orçamento e Gestão

O que os governos estaduais licitam?

Os Estados compram cada vez mais de forma descentralizada, com contratos menores e mais ágeis

Pode parecer um exagero, mas em 2002 os governos estaduais, somados à administração do Distrito Federal, realizaram pelo menos 159.036 licitações, segundo levantamento da empresa especializada RHS Licitações, que cadastra editais de todo o país e em todos os níveis de governo. Isso dá em média 447 licitações por dia, número que demonstra a pujança do mercado de licitações estaduais. Os dados também revelam que alguns Estados têm maior peso no volume de licitações do que outros. E, normalmente, Estados maiores indicam caminhos a serem seguidos. São Paulo, Rio Grande do Sul e Minas Gerais, que, juntos, foram responsáveis por nada menos do que 40,6% das licitações estaduais em 2002, estão confiantes no uso do pregão eletrônico.

A tendência é que, cada vez mais, as compras públicas sejam descentralizadas, favorecendo contratos menores e ágeis. O motivo da mudança de postura? A economia. Com o pregão eletrônico, os licitantes conseguem economizar, em média, 30% nas compras públicas. Se todas as compras do Estado de São Paulo fossem feitas através do pregão eletrônico, isso significaria uma economia de R$ 1,6 bilhão ao ano. Obviamente, isso não será possível, já que algumas licitações precisam ser realizadas em grande escala, mas dá uma idéia da dimensão dos valores.

UMA OPORTUNIDADE DE NEGÓCIOS
O PODER PÚBLICO É O MAIOR COMPRADOR DO PAÍS

Qual o volume de compras dos Estados?

São Paulo, Rio Grande do Sul e Minas Gerais são os Estados que realizam o maior número de licitações

O número de licitações por Estado dá uma idéia do poder de compra de cada um deles. Esses dados também devem ser analisados de forma a comparar posturas políticas e estratégias de administração: alguns Estados

LICITAÇÕES POR ESTADO EM 2002*

Estado	Número de licitações
São Paulo	36.182
Rio Grande do Sul	14.213
Minas Gerais	14.126
Rio de Janeiro	12.745
Bahia	11.200
Distrito Federal	9.260
Ceará	8.563
Santa Catarina	7.711
Paraná	7.604
Pernambuco	5.078
Mato Grosso do Sul	3.402
Pará	3.254
Goiás	3.227
Amazonas	3.127

* Segundo o banco de dados da RHS Licitações
Fonte: RHS Licitações

preferem trabalhar com um menor número de licitações e com contratos de valores maiores. É o caso do Paraná, que, no ano de 2002, teve menos licitações do que sua vizinha Santa Catarina, embora tenha mais que o dobro da população e uma área maior.

Esse *ranking*, no entanto, sempre pode mudar. A tendência é que os governos venham a priorizar cada vez mais as licitações menores, principalmente na forma do pregão eletrônico. Há, inclusive, incentivos internacionais para essa forma de licitação, já que com o pregão, além da conquista da economia, se obtém maior transparência e responsabilidade nas compras públicas, além da maior possibilidade de controle por parte da população, já que muitos dados estão disponíveis na internet.

Estado	Número de licitações
Rio Grande do Norte	2.795
Espírito Santo	2.786
Paraíba	2.198
Mato Grosso	1.988
Maranhão	1.858
Rondônia	1.287
Tocantins	1.071
Alagoas	1.056
Acre	1.011
Amapá	856
Sergipe	835
Roraima	823
Piauí	780
Total	**159.036**

UMA OPORTUNIDADE DE NEGÓCIOS
O PODER PÚBLICO É O MAIOR COMPRADOR DO PAÍS

O que os governos municipais licitam?

A força de compra dos mais de 5.000 municípios brasileiros impressiona

Se os valores das licitações em nível federal e estadual são relevantes pelo seu gigantismo, os municípios se apresentam como uma oportunidade interessante de negócios graças ao grande número de compras realizadas. Excetuando-se algumas poucas grandes cidades brasileiras, como São Paulo, Rio de Janeiro, Belo Horizonte, Recife e Porto Alegre, a maioria dos municípios possui população pequena e muitos contratos, porém de valores mais modestos, se comparados às grandes compras federais e estaduais.

As regras válidas para as licitações municipais são as mesmas utilizadas nas licitações federais e estaduais. Isso significa que uma prefeitura, por exemplo, não pode exigir que sua contratada esteja estabelecida na mesma cidade, o que aumenta as possibilidades de negócios: além da cidade em que você está sediado, há uma gama de municípios vizinhos que compram o que você está produzindo ou o serviço que sua empresa fornece.

Cidades menores e mais distantes dos grandes centros podem trazer melhores oportunidades, muitas vezes até por falta de concorrentes. Por outro lado, cada vez mais as cidades médias estão buscando mecanismos semelhantes aos utilizados pelos governos federal e estaduais para as compras públicas: começa a se popularizar o uso do pregão eletrônico nos municípios, o que torna as licitações dessas localidades mais competitivas.

Só as cidades grandes oferecem boas oportunidades?

Cidades médias e pequenas também podem significar bons negócios para as empresas

Engana-se quem pensa que somente os grandes municípios do país justificam o investimento na participação em licitações por parte das empresas. Tome-se o exemplo de Jundiaí, um município no interior do Estado de São Paulo de 400 mil habitantes e um orçamento de R$ 427 milhões em 2003. É claro que grande parte desses recursos destina-se ao pagamento dos funcionários, mas, com exceção disso, todos os outros investimentos e a manutenção da máquina administrativa do governo requerem a contratação de empresas privadas. Qual seria o poder de compra de Jundiaí, então? Vamos aos números. Em 2002, nada menos do que R$ 85 milhões foram gastos pelo município de Jundiaí na contratação de bens e serviços de empresas privadas. Apenas 20% do total de recursos foram gastos em 440 compras diretas, que não requerem licitações. Os demais 80% dos recursos envolveram 4.490 fornecedores privados de 5.000 tipos de materiais comprados. Como se vê, mesmo em cidades médias há um imenso potencial de negócios a ser aproveitado pela iniciativa privada.

UMA OPORTUNIDADE DE NEGÓCIOS

O PODER PÚBLICO É O MAIOR COMPRADOR DO PAÍS

Por que participar de uma licitação?

A garantia de um contrato estável e de valores importantes pode ser uma boa estratégia para as empresas

Os números demonstram que há ótimas oportunidades comerciais nas licitações. Esse é o principal benefício para que uma empresa decida entrar no mercado das compras públicas.

Em períodos de economia estagnada e de pouca movimentação de consumidores individuais e da iniciativa privada, as compras públicas podem aparecer como um porto seguro, já que, com raríssimas exceções, os órgãos públicos não podem cortar ou suspender a maioria das licitações que fazem. Uma escola não pode ficar sem merenda, assim como um presídio não pode ficar sem segurança ou um hospital sem faxina.

A compra pública, entretanto, deve sempre ser vista e analisada dentro da estratégia comercial da empresa, ao lado das demais políticas de atuação.

Até mesmo a parte operacional da empresa deve ser analisada. O ditado que diz que "não se deve colocar todos os ovos na mesma cesta" é válido nessa situação. Da mesma forma que é importante para as empresas não ficarem totalmente dependentes da iniciativa privada, para poderem ultrapassar os períodos de crise com a estabilidade de alguns contratos com órgãos públicos, o inverso também é verdade: não se pode ficar na mão de um único consumidor.

Essa estratégia deve ser analisada caso a caso, pois depende do setor econômico em que a empresa atua e do momento pelo qual passa o mercado. As oportunidades e a aceitação do risco por parte de cada empreendedor devem ser levadas em conta na hora de definir uma estratégia para a empresa.

Há desvantagens em participar de uma licitação?

Os números são bons e as informações impressionam, mas sempre há riscos em negociar com órgãos públicos

Já vimos que os órgãos públicos são os grandes compradores do país e que possuem uma sistemática própria para gastar o dinheiro. Mas, como em toda oportunidade comercial, há riscos em vender ao poder público. O principal deles diz respeito ao atraso nos pagamentos. Por lei, os órgãos públicos podem ficar até noventa dias sem pagar seus fornecedores, sem que isso seja motivo para quebra do contrato por iniciativa da empresa. E mais: durante esse período, o fornecimento do produto ou do serviço não pode ser suspenso, sob pena de multa. Essa é a principal razão pela qual as empresas devem avaliar com cuidado as oportunidades de participação em licitações. Embora exista a possibilidade de indenização em alguns casos de atraso, isso pode trazer dificuldades imediatas para as empresas.

Outro problema que algumas empresas enfrentam nas licitações é o excesso de formalismo. Para quem está acostumado ao ritmo rápido e até informal do mundo privado, as compras públicas exigem cautela e documentação de todos os passos e atividades da empresa. No entanto, essa prudência, que aconselha documentar tudo sempre em papel, pode diminuir sensivelmente a possibilidade de problemas nas licitações.

O mais importante para a empresa que pretende participar de uma licitação é entender que esse é um bom mercado, mas que, como qualquer outro, possui particularidades que podem trazer riscos. O melhor antídoto para os problemas é o conhecimento. Além de conhecer seu funcionamento, o empreendedor deve compreender a linha lógica das licitações.

UMA OPORTUNIDADE DE NEGÓCIOS
O PODER PÚBLICO É O MAIOR COMPRADOR DO PAÍS

Quem participa de licitações?

Cresce a importância das micro e pequenas empresas no universo de fornecedores dos órgãos públicos

micro e pequena empresa
De acordo com o Serviço Brasileiro de Apoio às Micro e Pequenas Empresas (Sebrae), de 1995 a 2000 as micro e pequenas empresas foram responsáveis por 1,4 milhão de novos postos de trabalho, contra 30 mil gerados pelas grandes empresas. Mas 70% das compras do groverno federal de micro e pequenas empresas têm valores abaixo de R$ 8 mil.

Os números das licitações são gigantescos. Mas engana-se quem pensa que esse é um mercado destinado somente a fornecedores de grande porte. Cada vez mais, as micro e pequenas empresas obtêm fatias maiores do universo de clientes do governo, o que é uma boa notícia para quem está estudando esse mercado.

A participação dessas empresas tende a continuar crescendo nos próximos anos, já que é cada vez mais reconhecida a importância da micro e pequena empresa na economia do país. É sabido que são elas – e não as grandes empresas – as principais responsáveis pela geração de empregos no Brasil. Com isso, é possível que elas conquistem um espaço maior nas licitações do poder público, principalmente com o crescimento de modalidades de licitação como o pregão, que, sendo um processo menos burocrático e mais rápido, favorece a participação de empresas menores. Isso vai ao encontro da legislação do setor, que estabelece que o país deve dar condições especiais de crescimento às micro e pequenas empresas.

NÚMERO DE FORNECEDORES DO GOVERNO FEDERAL POR CATEGORIA*

Ano/tipo	Pessoas físicas	Microempresas	Pequenas empresas	Outros tipos
1997	7.106	12.892	20.058	21.057
1998	10.367	19.195	26.895	28.244
1999	14.124	25.816	31.589	35.034
2000	17.811	32.712	36.407	43.454
2001	21.353	39.715	40.115	49.417
2002	25.394	46.541	44.576	55.630
2003	30.148	52.828	48.724	61.582
Variação	324,6%	309,8%	142,9%	192,4%

* Os dados são de outubro de 2003.
Fonte: Sistema Integrado de Administração de Serviços Gerais (SIASG)

Há mercado para todos?

O número de fornecedores do governo federal triplicou em seis anos

Não são só as micro e pequenas empresas que experimentam um aumento de sua participação nas licitações do poder público. A base total de fornecedores do governo federal, por exemplo, está aumentando a passos largos. De 1997 a 2002, o número de empresas que fornecem ao governo federal mais do que triplicou. E esse aumento é incentivado por todos os níveis da administração pública. Afinal, quanto maior o número de fornecedores, maior é a competição entre as empresas e, conseqüentemente, menor o valor dos contratos fechados, o que gera economia aos cofres públicos.

Como exemplo, pode-se destacar o setor das cooperativas. A atual gestão federal incentiva a participação dessas entidades, fazendo surgir um mercado promissor para elas.

Por outro lado, grandes empresas que até então não participavam de licitações – ou por problemas fiscais ou por julgarem que licitação não vale a pena – estão mudando de idéia. Com os programas de parcelamento de débitos fiscais criados pelo governo federal nos últimos anos, várias empresas que até então não estavam aptas a vender ao governo agora podem participar legalmente. Da mesma forma, a imagem das licitações públicas vem mudando ao longo dos anos, pois o aumento da participação da sociedade no controle da transparência desses processos fez crescer a fiscalização dos órgãos públicos na garantia da seriedade das licitações.

NÚMERO DE FORNECEDORES CADASTRADOS PARA VENDER AO PODER PÚBLICO*

Ano	Número de fornecedores	Ano	Número de fornecedores	Ano	Número de fornecedores
1997	61.113	2000	130.384	2002	172.141
1998	84.701	2001	150.600	2003	193.282
1999	106.563				

*Informações de outubro de 2003.
Fonte: Banco de dados do Sistema Integrado de Administração de Serviços Gerais (SIASG)

UMA OPORTUNIDADE DE NEGÓCIOS

A microempresa que cresceu participando de licitações

Como em qualquer negócio, há riscos envolvidos numa licitação. Mas as micro e pequenas empresas que dedicam parte de seus esforços às licitações não se arrependem. Em inúmeros casos, elas possuem tantas chances de êxito quanto qualquer outra empresa, mesmo que de grande porte. Basta que saibam se organizar e avaliar as vantagens e desvantagens caso a caso. E se alguém duvida de que essas empresas possam fazer das compras públicas uma importante parte de seu faturamento, é bom ficar atento.

O caso da CB&JR Serviços de Corretagem de Seguros é um bom exemplo disso. Nada menos do que metade do faturamento da corretora – que foi de R$ 120 mil em 2002 e saltou para R$ 800 mil em 2003 – provém de contratos fechados com a administração pública, seja ela em nível federal, estadual ou municipal. De acordo com um de seus sócios, Carlindo Boaventura Ferreira, a empresa existe desde 1995 – embora tenha mudado de nome no ano passado em função da entrada de um novo sócio – e sempre trabalhou com o setor público.

Três licitações ao mês

Em parceria com cerca de cinco seguradoras dos ramos de automóveis, vida em grupo e predial, ela participa, em média, de três licitações ao mês. O êxito representa de 5% a 10%. Embora tenha apenas três funcionários, a empresa consegue se organizar para participar das licitações de todas as modalidades existentes. De acordo com seu sócio, a empresa já está familiarizada com a burocracia na apresentação de documentos, que se repete em todos os processos licitatórios, mesmo que o órgão público que esteja licitando não tenha um pré-cadastro. A fase de habilitação é justamente a que mais assusta as empresas que não estão acostumadas à rotina das licitações. No entanto, o sucesso da empresa nessa fase requer apenas organização, já que os documentos exigidos são

praticamente os mesmos e estão previstos em lei.
Outro temor das empresas diz respeito ao atraso no pagamento por parte do órgão público. A única dica, segundo Boaventura, é estudar a participação nas licitações caso a caso. A empresa já teve problemas com uma prefeitura que a contratou e não fez os pagamentos em dia. Mas a dica para evitar que isso ocorra é simples: basta analisar o histórico do órgão licitante para saber se é bom pagador. Isso pode ser feito mediante consulta a empresas de outros setores que fornecem a ele, pois tanto as licitações quanto as contratações da administração são públicas. "É só saber escolher", afirma Boaventura. Entre seus clientes estão a Nossa Caixa Nosso Banco, a Companhia Paulista de Trens Metropolitanos de São Paulo e a Fundacentro,

órgão do governo federal. Esse aspecto é importante, porque, em caso de atraso nos pagamento, a pequena empresa, muito mais do que qualquer outra, sofrerá com a falta de capital de giro, já que não poderá suspender o fornecimento de imediato.
Embora a participação das micro e pequenas empresas nas licitações esteja em crescimento, ela ainda representa uma pequena porcentagem do valor total das licitações. No caso do governo federal, o percentual dos recursos destinados às compras públicas que vão parar nas mãos delas é de apenas 13%. Isso não significa, no entanto, que existam barreiras à sua participação, mas que ainda há um imenso espaço a ser conquistado pelas empresas de menor porte.

POR DENTRO DAS LICITAÇÕES

SAIBA TUDO SOBRE OS PROCEDIMENTOS ANTES DE PARTICIPAR

Conhecer os detalhes de uma licitação
é essencial e pode facilitar a entrada de
sua empresa nesse mercado

POR DENTRO DAS LICITAÇÕES
SAIBA TUDO SOBRE OS PROCEDIMENTOS ANTES DE PARTICIPAR

Quais são as regras das licitações?

Qualquer licitação realizada pelo setor público deve seguir a legislação federal que trata do tema

A Constituição estabelece que é da União a competência para legislar sobre as normas gerais das licitações e os contratos administrativos de qualquer órgão governamental da União, dos Estados, do Distrito Federal e dos municípios brasileiros, assim como das empresas públicas e das sociedades de economia mista. A norma inclui a administração pública direta e indireta, como as autarquias e as fundações, e está prevista no inciso XXVII do artigo 22 da Constituição.

Assim, o Congresso Nacional aprovou a Lei nº 8.666, a Lei de Licitações, de 21 de junho de 1993. A lei regulamenta o inciso XXI do artigo 37 da Constituição, que estabelece que "obras, serviços, compras e alienações serão contratados mediante processo de licitação pública que assegure igualdade de condições a todos os concorrentes". Apesar de apresentar as normas gerais das licitações, a lei permite que governos e órgãos públicos definam, em regulamentos próprios, os detalhes das contratações com o setor privado. A maioria dos Estados e municípios segue a Lei nº 8.666, mas fique atento: alguns possuem regras próprias. É o caso da Prefeitura de São Paulo, que, em janeiro de 2002, promulgou a Lei nº 13.278, que estabelece normas específicas para suas compras. A lei municipal de licitações esclarece que as compras do município serão feitas em obediência às definições da lei federal, mas acrescenta duas novas: as definições de reforma e de serviço de engenharia. Sociedades de economia mista, como o Banco do Brasil, também têm decretos com características específicas para suas licitações, além das previstas em lei.

Lei nº 8.666
É possível consultar o conteúdo integral da Lei nº 8.666 e de outras normas pela internet no site do governo federal, no endereço eletrônico www.planalto.gov.br.

FIQUE POR DENTRO

■ *Até a edição da Lei nº 8.666, as licitações eram regidas pelo Decreto-lei nº 2.300, o Estatuto Jurídico das Licitações e Contratos Administrativos. A lei nada mais é do que um incremento do antigo estatuto, que de 90 artigos passou a contar com 126. E já existem projetos para mudar a lei na presidência da República e no Congresso Nacional.*

Todas as normas estão na Lei de Licitações?

Há outras leis que tratam das compras públicas, mas os preceitos básicos estão na Lei nº 8.666

Embora a Lei nº 8.666 seja soberana quando se trata de licitações, há uma outra legislação federal que trata do assunto. É a Lei nº 10.520, de 17 de julho de 2002, que criou uma nova forma de licitação no âmbito da União, dos Estados e municípios. Essa nova forma, denominada "pregão", destina-se à compra de bens e serviços comuns, aqueles que possuem padrões de desempenho e qualidade objetivamente definidos. No âmbito da administração pública direta e indireta da União, o pregão foi regulamentado pelo Decreto nº 3.555, de 8 de agosto de 2000 (antes da edição da lei, que foi uma conversão da Medida Provisória nº 2.182, de 23 de agosto de 2001).
A partir da edição da lei, os Estados e municípios também puderam sancionar leis para regulamentar o pregão, e hoje vários deles já possuem regras próprias. A lei do pregão é extremamente concisa e estabelece que, nos casos omissos, a regra a ser seguida é a Lei nº 8.666.

AS PRINCIPAIS LEIS QUE REGEM AS LICITAÇÕES

Lei nº 8.666	É a lei soberana das licitações. Dita as regras gerais que devem ser cumpridas por qualquer órgão da administração pública, seja ela federal, estadual ou municipal.
Lei nº 10.520	É a lei do pregão. Estabelece as normais gerais dessa modalidade específica de licitação para qualquer órgão da administração pública – federal, estadual ou municipal.
Decreto nº 3.555	É o regulamento do pregão no âmbito da administração pública direta e indireta da União. Muitas vezes, é utilizado também nos Estados e municípios como parâmetro para a realização de pregão.

Fonte: Ariosto Mila Peixoto Advogados e Consultores

POR DENTRO DAS LICITAÇÕES

SAIBA TUDO SOBRE OS PROCEDIMENTOS ANTES DE PARTICIPAR

Quais são as formas de licitar?

Há duas variáveis fundamentais em qualquer licitação: os procedimentos e os critérios de julgamento das propostas

Qualquer licitação segue dois critérios básicos. O primeiro deles é a chamada "modalidade de licitação", que é o procedimento escolhido pelo administrador para ser adotado no processo licitatório. O segundo critério é o tipo de licitação a ser feita, ou seja, como será feito o julgamento das propostas apresentadas.

A Lei de Licitações estabeleceu cinco modalidades de licitação que podem ser utilizadas pelos órgãos públicos: a concorrência, a tomada de preços, o convite, o concurso e o leilão. O pregão é uma sexta modalidade de licitação, instituída pela Lei do Pregão. Com exceção do leilão – utilizado para que os órgãos públicos possam vender a terceiros mercadorias que não lhes servem mais –, todas as demais modalidades são utilizadas para a compra de produtos e serviços.

Segundo a Lei de Licitações, são quatro os tipos de licitação: menor preço, melhor técnica, técnica e preço e maior lance ou oferta, este último utilizado apenas nos leilões.

O que define a escolha da modalidade e do tipo de licitação é a compra a ser realizada e o valor total dos bens a serem adquiridos. Alguns produtos ou serviços só podem ser adquiridos por uma modalidade específica, enquanto outros podem ser comprados por diferentes sistemas. Da mesma forma, há bens que só podem ser comprados por um tipo de licitação e outros que podem ser adquiridos por tipos diferentes.

As modalidades de licitação	Concorrência, tomada de preços, convite, concurso, leilão, pregão
Os tipos de licitação	Menor preço, melhor técnica, técnica e preço, maior lance ou oferta

Quais são os critérios de escolha de uma modalidade de licitação?

O valor e o tipo de bem a ser comprado vão determinar que modalidade deve ser escolhida

A escolha de uma modalidade de licitação entre as previstas na Lei de Licitações e na Lei do Pregão depende do tipo e do valor total do bem a ser licitado. Para a contratação de empresas para a realização de obras e serviços de engenharia, por exemplo, é possível usar três modalidades de licitação: concorrência, tomada de preços e convite. A escolha depende do valor da obra ou do serviço. Já no caso de compras de bens e outros serviços, é possível utilizar as mesmas modalidades, acrescidas do pregão. A escolha também depende do valor total dos produtos a serem comprados. O pregão pode ser usado para compras de qualquer valor, desde que sejam mercadorias de padrão comum, que possa ser definido no edital da licitação. Já o concurso é utilizado apenas nos casos de contratação de trabalho técnico, científico ou artístico.

A Lei nº 9.648, de 27 de maio de 1998, estabeleceu uma tabela com valores para cada modalidade de licitação e para a dispensa. É importante lembrar que os valores da tabela se referem ao valor total do bem ou serviço que a administração pública pretende adquirir.

Lei nº 9.648
A Lei nº 9.648 estabeleceu que os valores-limites de cada modalidade só poderiam ser revistos anualmente, mas desde 1998 não houve modificação.

VALORES-LIMITES PARA CADA MODALIDADE DE LICITAÇÃO

Modalidade	Obras e serviços de engenharia	Compras e outros serviços
Concorrência	Acima de R$ 1.500.000,00	Acima de R$ 650.000,00
Tomada de preços	Até R$ 1.500.000,00	Até R$ 650.000,00
Convite	Até 150.000,00	Até R$ 80.000,00
Concurso	Não há limite de valor	Não há limite de valor
Pregão	Não há limite de valor	Não há limite de valor
Leilão	Não há limite de valor	Não há limite de valor
Dispensa de licitação	Até R$ 15.000,00	Até R$ 8.000,00

POR DENTRO DAS LICITAÇÕES
SAIBA TUDO SOBRE OS PROCEDIMENTOS ANTES DE PARTICIPAR

Quando a administração pública não precisa fazer licitação?

A lei abre exceção para a contratação de bens e serviços de valores mais baixos e em casos de emergência

Tanto para obras e serviços quanto para a compra de bens, há um limite de valor que permite a dispensa da licitação, ou seja, até um determinado valor a administração pública não é obrigada a realizar a licitação. Além da dispensa permitida dentro desses limites, o artigo 24 da Lei de Licitações lista outras 22 hipóteses para a dispensa das licitações, entre elas guerra, emergência, calamidade pública, grave perturbação da ordem, intervenção no domínio econômico para regulação de preços ou normalização do abastecimento, compra de produtos perecíveis e no caso de licitação deserta. Além da dispensa, há ainda outra possibilidade de a administração pública comprar sem licitação: é a inexigibilidade de licitação prevista no artigo 25 da Lei de Licitações. Ao contrário da dispensa, ela pode ser usada pela administração pública se o bem ou serviço a ser comprado for produzido só por uma empresa – e por isso mesmo não seja possível estabelecer competição entre possíveis fornecedores –, em casos de notória especialização do fornecedor ou quando se tratar de bem artístico. Um hospital público, por exemplo, poderá comprar um equipamento de diagnóstico médico sem licitação se ele for único no mercado e não existirem representantes comerciais da empresa que o produz.

> **Licitação deserta**
> é aquela em que não surge nenhum interessado em participar do processo e contratar com o órgão público.

> **FIQUE POR DENTRO**
>
> ■ *A administração pública não pode, em nenhum momento, fracionar contratos para que eles entrem nos limites de dispensa ou inexigibilidade da licitação. Se isso ocorrer, podem acontecer punições.*

O que é concorrência?

É a modalidade utilizada nos grandes contratos da administração pública

A concorrência é a modalidade mais ampla de licitação existente, pois permite a participação de qualquer interessado na realização de obras e serviços de engenharia acima de R$ 1,5 milhão e na venda de produtos e outros serviços com valor total acima de R$ 650 mil. Em função dos altos valores envolvidos, a concorrência é a modalidade utilizada para os grandes contratos da administração pública, como a construção de novos prédios públicos, por exemplo. Justamente por permitir a participação de qualquer interessado, esta modalidade é também a que apresenta exigências mais rígidas para a habilitação das empresas concorrentes.

Muitas vezes, a administração pública não consegue estimar de forma exata o valor total do bem a ser adquirido. A lei determina que, quando esse valor estiver próximo do limite entre a utilização da modalidade concorrência e da modalidade tomada de preços, a administração opte sempre pela concorrência. Esta modalidade ainda é obrigatória no caso de compra ou alienação de imóveis e nas licitações internacionais, quando a administração não possuir um cadastro de fornecedores internacionais.

Licitação internacional
é aquela divulgada no exterior pela administração pública para convocar empresas estrangeiras a participar do processo. Mas ela não impede empresas nacionais de concorrerem com as estrangeiras.

POR DENTRO DAS LICITAÇÕES

SAIBA TUDO SOBRE OS PROCEDIMENTOS ANTES DE PARTICIPAR

O que é tomada de preços?

É a modalidade de licitação que exige cadastro prévio no órgão licitante

Até a edição da Lei de Licitações, somente as empresas cadastradas podiam participar de licitações na modalidade de tomada de preços. Mas a lei abriu a possibilidade de que empresas que não estejam cadastradas participem, desde que comprovem atender às exigências até três dias antes do recebimento das propostas. Isso acabou por tornar a modalidade semelhante à concorrência, já que a comissão de licitações precisa avaliar a habilitação das participantes antes de dar início ao processo.

FIQUE POR DENTRO

- *O cadastro de uma empresa é um certificado – denominado Certificado de Registro Cadastral – emitido pelos órgãos públicos, que comprova sua habilitação jurídica, qualificação técnica e econômico-financeira e regularidade fiscal. Os documentos exigidos para a obtenção desse certificado não podem ir além do que estabelece a Lei de Licitações.*

A tomada de preços é a modalidade de licitação em que só podem participar interessados já cadastrados na unidade administrativa contratante ou em outro órgão conveniado, ou que atendam a todas as condições exigidas no cadastramento até três dias antes do recebimento das propostas. Os cadastros são feitos por órgãos da administração pública que costumam abrir licitações com maior freqüência e servem para simplificar o processo licitatório. Eles contêm informações sobre as empresas que participam de licitações – como documentos e certidões – e têm validade de um ano. Além de trazer informações que são sempre necessárias durante a fase de habilitação dos participantes de uma licitação, o cadastro pode significar agilidade também para a empresa que pretende vender produtos e serviços para a administração pública.

Assim como a concorrência, a tomada de preços também obedece a um limite máximo de valores. No caso de obras e serviços de engenharia, esta modalidade pode ser utilizada até um valor total máximo de R$ 1,5 milhão. Já para compras e outros serviços, o limite máximo passa a ser de R$ 650 mil. Um exemplo de uso da tomada de preços foi a licitação aberta pelo Senado Federal para a contratação de uma empresa especializada na confecção e fornecimento de bustos de bronze, em setembro de 2003.

O que é convite?

É a modalidade de licitação mais simples prevista na Lei de Licitações e destinada a compras de pequeno valor

Pela modalidade de convite, a própria administração pública escolhe as empresas que serão convidadas a participar da licitação. No convite, a publicação de edital não é necessária. O órgão público apenas precisa afixar em seu quadro de avisos a carta-convite a no mínimo três empresas interessadas no segmento de mercado a que se destina a licitação, cadastradas ou não, com pelo menos cinco dias úteis de antecedência. No convite, não há exigência de documentação por parte da administração pública, já que em geral ela já conhece as empresas que está convidando. No entanto, o órgão público licitante pode escolher se fará ou não a fase de habilitação das empresas. Mesmo caracterizando-se pela escolha da própria administração, a modalidade convite pode se estender a outras empresas que não sejam convidadas. Basta que elas procurem o convite, afixado nos quadros de aviso existentes em todos os órgãos públicos do país, se inscrevam 24 horas antes da apresentação das propostas e estejam cadastradas, para que a administração possa verificar se estão aptas a participar da licitação.

A modalidade convite é utilizada para obras e serviços de engenharia de até R$ 150 mil e para compras e demais serviços até um limite de R$ 80 mil.

FIQUE POR DENTRO

- *Não convidar ao menos três empresas a participar de uma licitação pela modalidade de convite é fraude em licitação. Além disso, se na praça em que a licitação está sendo feita existirem mais de três interessados, a cada novo convite para o mesmo tipo de bem a administração pública precisa fazer o convite a no mínimo mais um interessado.*

POR DENTRO DAS LICITAÇÕES
SAIBA TUDO SOBRE OS PROCEDIMENTOS ANTES DE PARTICIPAR

O que é concurso?

É a modalidade de licitação destinada à contratação de trabalhos intelectuais, científicos, artísticos ou técnicos

O concurso é uma modalidade de licitação especial, que não segue os mesmos passos das demais modalidades. É realizado pela administração pública quando há necessidade de um trabalho intelectual – seja ele técnico, científico ou artístico. Em algumas situações, a lei permite que esse trabalho seja adquirido diretamente de um profissional de notória especialização na área em questão.

Ao contrário das outras modalidades de licitação, no concurso o valor a ser pago pelo órgão público ao vencedor já está estabelecido previamente, não havendo disputa entre os participantes da licitação na apresentação do menor preço. O concurso também não obedece aos limites de valores das demais modalidades.

No concurso, os trabalhos detalhados no edital são entregues prontos, e a comissão julgadora escolherá o mais adequado à necessidade da administração pública, segundo os critérios de julgamento estabelecidos no próprio edital.

A contratação de projetos arquitetônicos para municípios, ou ainda a contratação do parecer de um jurista para ser utilizado em alguma demanda judicial do órgão público são exemplos de licitações que utilizam a modalidade do concurso.

> **FIQUE POR DENTRO**
>
> ■ *A modalidade de licitação denominada concurso não deve ser confundida com o concurso público, utilizado para a contratação de funcionários para cargos públicos.*

O que é pregão?

É a mais nova modalidade de licitação e uma alternativa para a compra de bens padronizados

A modalidade do pregão surgiu para facilitar a compra de bens e serviços comuns pela administração pública. Bens e serviços comuns são aqueles que têm padrões de desempenho e qualidade que possam ser definidos em um edital por meio de especificações padronizadas do mercado. Assim, a aquisição de cartuchos de impressora pelos órgãos públicos, por exemplo, pode ser feita pelo pregão, já que esses são produtos que podem ser especificados no edital.

O pregão surgiu da necessidade de rapidez e economia nos órgãos públicos. Por essa modalidade, a burocracia é reduzida, o que agiliza o processo de compras e garante preços melhores ao poder público. Os prazos são mais curtos, as ofertas dos fornecedores são feitas em sessão pública e os recursos administrativos contra atos da comissão de licitação são interpostos imediatamente pelos participantes, durante a própria sessão pública.

Para se ter uma idéia da economia que o uso do pregão proporciona aos cofres públicos, vejamos o exemplo do Tribunal de Justiça do Estado de São Paulo. O tribunal utiliza a modalidade para comprar aparelhos de fax, calculadoras, bebedouros, ventiladores, arquivos e estantes de aço. De maio a agosto de 2003 foram realizados 67 pregões, com uma economia de 44,16% do valor que o tribunal calculava gastar. Isso acontece porque os preços dispostos no edital são estimados a partir de pesquisas de mercado, mas a disputa entre vários participantes acaba por garantir propostas muito melhores.

Qualquer empresa pode participar do pregão, desde que cumpra os requisitos previstos no edital. A modalidade do pregão não tem limites de valores e não pode ser realizada para licitações por melhor técnica, apenas por menor preço.

FIQUE POR DENTRO

- *O pregão eletrônico é o pregão realizado de forma virtual, pela internet. Ele segue as mesmas regras do pregão presencial – que é realizado no local, na presença de uma comissão de licitações e dos fornecedores interessados –, mas é feito com o uso de um programa de computador, no estilo de um chat da internet.*

POR DENTRO DAS LICITAÇÕES
SAIBA TUDO SOBRE OS PROCEDIMENTOS ANTES DE PARTICIPAR

Quais as diferenças entre as modalidades?

Cada modalidade de licitação é utilizada para um determinado tipo de compra a ser realizada pela administração pública

As diferenças entre as modalidades de licitação estão em seu objetivo. Cada uma delas foi criada justamente para atender às várias necessidades dos órgãos públicos na compra de bens e serviços. Algumas modalidades, no entanto, podem ser utilizadas para um mesmo tipo de compra de bens ou serviços. A compra de papel para impressão, por exemplo, pode ser feita pela modalidade do pregão – já que papel é um bem padronizado no mercado – ou pela modalidade de convite, usada para aquisições de menor valor. Elas são as modalidades mais comuns para esse tipo de compra. No entanto, nada impede que a administração pública compre papel para impressoras pela modalidade de concorrência ou tomada de preços: a escolha, nesse caso, dependerá da quantidade de papel a ser comprada e do valor total da compra.

FIQUE POR DENTRO

- *A administração pública sempre poderá utilizar modalidades mais complexas de licitação para a compra de qualquer bem ou serviço, mas nunca uma modalidade menos complexa do que a destinada a determinados bens ou serviços.*

CONHEÇA AS PRINCIPAIS DIFERENÇAS ENTRE AS MODALIDADES DE LICITAÇÃO

Modalidade	Descrição
Concorrência	É a modalidade mais ampla, pois permite a participação de qualquer empresa interessada, desde que cumpra os requisitos do edital. É mais utilizada para compras de maior valor e para obras e serviços.
Tomada de preços	É a modalidade utilizada para a compra de bens e serviços de empresas já cadastradas na administração pública.
Convite	É a modalidade utilizada para compras de pequeno valor, em que os órgãos públicos convidam as empresas a participar do processo de licitação.
Concurso	É a modalidade destinada à contratação de trabalhos intelectuais, técnicos ou artísticos.
Pregão	É a modalidade de procedimentos mais simples, usada para a compra de bens e serviços padronizados no mercado.
Leilão	É a modalidade utilizada quando a administração pública quer vender a particulares produtos que não lhe servem mais.

O que são tipos de licitação?

Eles definem os critérios de escolha do vencedor do processo licitatório

Há três tipos de licitação usados para a compra de bens e serviços: menor preço, melhor técnica ou técnica e preço. Enquanto as modalidades definem critérios para os procedimentos das licitações, os tipos de licitação definem critérios de escolha do vencedor, ou seja, os critérios de julgamento das propostas apresentadas pelos participantes. O tipo de licitação mais utilizado é o do menor preço, que funciona como regra geral para as compras dos órgãos públicos. No entanto, critérios como qualidade, durabilidade ou garantia dos bens e serviços adquiridos não são desconsiderados nas licitações. A administração pública deve definir, no edital, o tipo de licitação e os padrões dos produtos que deseja adquirir, ou seja, deve haver uma descrição detalhada do produto ou serviço a ser comprado. Mas atenção: aqui há que se ter cuidado. O direcionamento de um edital para um determinado produto ou serviço existente no mercado é proibido. Às vezes, o excesso de detalhes na descrição de um produto ou serviço pode causar a suspeita de que ele está direcionado a um determinado fornecedor, o que caracteriza crime. Da mesma forma, o uso de uma marca em um edital é vedado, com algumas exceções. No caso de produtos de informática, por exemplo, a marca pode ser utilizada porque, caso contrário, a administração poderia adquirir produtos que não são compatíveis com os equipamentos que já possui. Nesse caso, o uso da marca não direciona o edital para uma determinada empresa, pois há vários fornecedores de uma mesma marca no mercado.

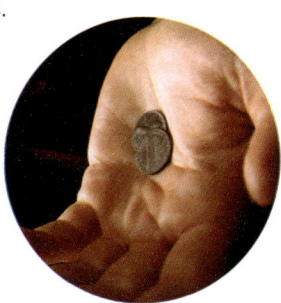

A administração pública não pode realizar uma licitação em que as propostas sejam julgadas por outros critérios que não os definidos pela Lei de Licitações. Qualquer outra oferta ou vantagem apresentada pelos participantes não pode ser considerada para a escolha do vencedor. Tome-se o exemplo de uma licitação para a compra de veículos 1.0 por R$ 20 mil cada um. Se um fabricante oferece um modelo com potência maior por apenas R$ 2 mil a mais, a administração pública não pode comprá-lo, a não ser que anule a licitação corrente e abra um novo edital.

> **FIQUE POR DENTRO**
>
> - *Um quarto tipo de licitação previsto na Lei de Licitação é o de maior lance ou oferta, destinado aos leilões realizados pelos órgãos públicos. Esse tipo de licitação corresponde à licitação pelo menor preço, só que destinado à venda de um bem a quem oferecer o maior valor possível por ele.*

POR DENTRO DAS LICITAÇÕES

SAIBA TUDO SOBRE OS PROCEDIMENTOS ANTES DE PARTICIPAR

Quais são as diferenças entre os tipos de licitação?

Embora o menor preço seja o critério básico para qualquer licitação, há bens que devem ser adquiridos pela melhor técnica

Embora o tipo de licitação mais utilizado – e que serve como parâmetro para a maior parte das compras da administração pública – seja o do menor preço, outros critérios podem ser utilizados para julgamento das propostas. É o caso dos critérios de melhor técnica e técnica e preço, utilizados exclusivamente para a contratação de serviços de natureza intelectual ou tecnológica. Isso ocorre porque, nesses casos, somente o critério do menor preço não garantiria à administração pública a compra dos bens ou serviços mais adequados às suas necessidades. Digamos que um órgão público precise contratar um jurista para elaborar um

Se em uma licitação do tipo menor preço dois participantes apresentarem preços idênticos, não será possível definir o vencedor por critérios de qualidade, mesmo que um dos produtos tenha características superiores às do outro. Em caso de empate, a lei estabelece que a preferência deve ser dada a bens ou serviços de empresas brasileiras de capital nacional, produzidos no país ou produzidos ou prestados por empresas brasileiras. Se ainda assim o empate persistir, o critério de desempate será o sorteio.

AS PRINCIPAIS DIFERENÇAS ENTRE OS TIPOS DE LICITAÇÃO

Menor preço	É o critério básico adotado em qualquer licitação: ganha quem apresentar o menor preço entre os participantes.
Melhor técnica	É usado quando o bem ou serviço a ser adquirido pela administração pública é específico e não pode ser avaliado apenas pelo preço, como no caso de trabalhos intelectuais.
Técnica e preço	É o critério que alia os dois tipos de licitação anteriores.

parecer que defenda determinado ponto de vista em um processo judicial. Nesse caso, o órgão público necessita de um produto específico, elaborado por um jurista de renome e especialista na área. Não há como contratá-lo pelo critério de menor preço, mas somente pelos critérios de melhor técnica ou técnica e preço. A escolha do vencedor se dará, portanto, pela melhor técnica. Mas se algum dos participantes tiver apresentado menor preço do que o vencedor, a administração pública proporá ao vencedor que celebre o contrato pelo menor preço apresentado na licitação. Se ele não concordar, a mesma proposta será apresentada ao segundo colocado, e assim por diante. Se nenhum dos participantes concordar, o vencedor será aquele que, embora não tenha vencido pela melhor técnica, apresentou o preço menor.

POR DENTRO DAS LICITAÇÕES

SAIBA TUDO SOBRE OS PROCEDIMENTOS ANTES DE PARTICIPAR

Quais são as fases de uma licitação?

Conheça todos os passos de um processo licitatório antes de participar

Uma licitação começa muito antes da publicação do edital. A primeira fase é a abertura do processo administrativo pelo órgão público interessado em realizar a licitação. Ele define o bem ou serviço que pretende comprar e, após essa fase, faz uma pesquisa de mercado para identificar os preços disponíveis do produto. Fazendo a média desses valores, o órgão público chega ao preço a ser definido no edital. Então, reserva os recursos para o contrato e elabora e publica o edital da licitação.

A partir daí, começam as fases externas de uma licitação, aquelas em que as empresas tomam conhecimento do processo. As fases externas principais de uma licitação são a habilitação, a classificação e a adjudicação. A habilitação consiste na apresentação, por parte das empresas interessadas, de todos os documentos exigidos no edital. Se todos eles estiverem de acordo com as exigências, a empresa estará habilitada a participar da licitação. A próxima fase é a da classificação das propostas comerciais das empresas participantes, quando a comissão de licitações analisa os preços ou a técnica apresentados e, a partir daí, escolhe a vencedora – já na fase da adjudicação. As fases seguintes – homologação e contratação – concluem o processo licitatório.

Qualquer modalidade ou tipo de licitação segue as mesmas fases. As diferenças ficam por conta da ordem em que essas fases são executadas. Numa licitação por melhor técnica, por exemplo, os envelopes que contêm os valores cobrados pelos participantes são abertos somente após os envelopes com as propostas técnicas, ao contrário do que ocorre em uma licitação por menor preço, onde há apenas um envelope. Já no pregão, a fase de classificação das propostas antecede a fase de habilitação, ao contrário do que ocorre na concorrência.

AS FASES DE UMA LICITAÇÃO

FASES INTERNAS

Abertura do processo administrativo	É a fase em que o órgão público define o objeto que pretende licitar.
Pesquisa de mercado	O órgão público pesquisa os preços do que pretende adquirir no mercado e, a partir de uma média dos valores encontrados, estabelece o preço do objeto da licitação e reserva os recursos necessários.
Elaboração do edital ou convite	A administração pública elabora e publica o edital ou convite da licitação.

FASES EXTERNAS

Entrega dos documentos e propostas	É a fase em que as empresas interessadas em participar da licitação entregam os documentos exigidos pelo edital para a habilitação e suas propostas comerciais.
Habilitação	A comissão de licitação do órgão público avalia os documentos entregues pelas empresas participantes para ver se cumprem as exigências do edital e publica uma ata com as empresas habilitadas.
Classificação	A comissão de licitação avalia as propostas comerciais das empresas participantes que foram habilitadas e escolhe a vencedora, de acordo com o critério estabelecido no edital.
Adjudicação	É o ato pelo qual a comissão de licitação considera o licitante vencedor apto a ser contratado pela administração pública.
Homologação	É o fim do processo licitatório, quando o órgão licitante confirma todo o processo.
Empenho e contratação	É a fase contratual entre o órgão público e a empresa vencedora.

Fonte: RHS Licitações

POR DENTRO DAS LICITAÇÕES

SAIBA TUDO SOBRE OS PROCEDIMENTOS ANTES DE PARTICIPAR

O que é edital de licitação?

Ao contrário do que muitos pensam, o edital não é o anúncio encontrado nos diários oficiais e nos jornais

Após descobrir a existência de uma licitação, a empresa interessada em participar do processo deve entender tudo do principal documento da licitação: o edital, também chamado de instrumento convocatório. É nele que ela consegue saber de todos os detalhes da licitação, como os valores envolvidos, os prazos e os documentos necessários para participar. No edital estão todos os requisitos que o empresário precisa cumprir para concorrer à compra realizada pela administração pública. Mas o edital é um documento muito maior do que o que aparece publicado nos jornais. Esses pequenos anúncios, na verdade, são apenas avisos de editais à disposição dos interessados. O edital deve definir claramente o objeto a ser licitado e a experiência e abrangência necessárias ao fornecedor do produto ou serviço a ser adquirido pela administração pública, sempre, é claro, respeitando as normas previstas na Lei de Licitações. Todas essas especificações

FIQUE POR DENTRO

- *Se a administração pública precisar modificar o edital, a lei estabelece que ele deve ser publicado novamente, da mesma forma que antes, e todos os prazos nele estabelecidos devem ser reabertos.*

devem estar presentes no edital e ser preenchidas pelos empresários na fase da habilitação e das propostas comerciais. Para cada modalidade de licitação, a lei estabelece um prazo mínimo entre a publicação do aviso de edital nos jornais e a abertura dos envelopes.

PRAZOS DE PUBLICIDADE DAS LICITAÇÕES

Modalidade	Prazo mínimo entre a publicação do aviso de edital e a abertura dos envelopes
Concorrência	45 dias corridos para licitações de obras e serviços pelo regime de empreitada integral ou quando a licitação for do tipo melhor técnica ou técnica e preço 30 dias corridos para os demais casos
Tomada de preços	30 dias corridos para licitações do tipo melhor técnica ou técnica e preço 15 dias corridos para os demais casos.
Convite	5 dias úteis
Concurso	45 dias corridos
Leilão	15 dias corridos
Pregão	8 dias úteis

Fonte: RHS Licitações

POR DENTRO DAS LICITAÇÕES
SAIBA TUDO SOBRE OS PROCEDIMENTOS ANTES DE PARTICIPAR

Como se obtém o edital de uma licitação?

É possível comprar o edital ou ainda obtê-lo gratuitamente no site do órgão público licitante

Em outubro de 2003, o Supremo Tribunal Federal estava com uma licitação aberta para a compra de um sistema de armazenamento de dados. Era uma licitação pela modalidade tomada de preços e do tipo técnica e preço, cujo edital tinha 64 páginas, a um custo de R$ 0,35 por página. O edital podia ser comprado no próprio tribunal ou ser lido gratuitamente no site do Supremo.

Os órgãos públicos normalmente vendem os editais das licitações. O empresário deve estar atento, entretanto, para que o preço do edital não seja superior ao custo da reprodução gráfica da documentação fornecida. Se a administração pública estiver vendendo editais por um valor maior que o custo das cópias, estará infringindo o parágrafo 5º do artigo 32 da Lei das Licitações, e o empresário poderá pedir a revisão do preço na comissão de licitação.

De acordo com a Lei de Licitações, o aviso do edital deverá ser publicado com antecedência, no mínimo uma vez, no *Diário Oficial da União*, quando se tratar de licitação feita por órgão da administração pública federal ou que envolva recursos federais; no *Diário Oficial do Estado*, quando se tratar de licitação feita pela administração pública estadual ou municipal; e em pelo menos um jornal diário de grande circulação no Estado e, se houver, no município onde será realizado o serviço ou fornecido o bem.

O QUE UM EDITAL PRECISA CONTER

- Órgão público interessado (unidade licitante) e seu setor
- Modalidade (concorrência, tomada de preços, convite, concurso, pregão ou leilão)
- Regime de execução (no caso de obras e serviços de engenharia): empreitada por preço global ou unitário
- Critério de julgamento (no caso de compras e serviços): por item ou global
- Tipo de licitação (menor preço, técnica e preço, melhor técnica ou maior lance)
- Fundamento legal (legislação que regerá a licitação)
- Local, data e horário da realização da licitação e da entrega dos envelopes
- Objeto da licitação: descrição precisa, suficiente e clara
- Participação (quem pode participar: empresas isoladas e/ou consórcios)

O QUE UM EDITAL PRECISA CONTER (continuação)

- Envelopes (número de envelopes e seu conteúdo)
- Relação dos documentos de habilitação
- Relação dos documentos e quesitos da proposta técnica (no caso de licitação do tipo técnica e preço)
- Relação dos documentos da proposta comercial (modelo, elaboração, condições etc.)
- Abertura e critérios objetivos de julgamento dos documentos de habilitação
- Abertura e critérios objetivos de julgamento da proposta técnica (no caso de licitação do tipo técnica e preço)
- Abertura e critérios objetivos de julgamento da proposta comercial
- Instruções para impugnação do edital e recursos; prazos legais
- Prazo para a assinatura do termo contratual ou instrumento equivalente e condições para a execução ou entrega do objeto
- Condições de pagamento (prazo não superior a 30 dias; critério de atualização financeira por atraso de pagamento)
- Sanções para o caso de inadimplemento de obrigação contratual: declaração de inidoneidade, suspensão temporária, advertência e multa (percentuais e critérios objetivos de multa)
- Previsão de reajuste no valor do contrato (geralmente para serviços continuados, quando o prazo de execução contratual exceder um ano, com indicação de índices específicos)
- Disposições gerais (local para exame e aquisição do projeto básico; informações e horários para obtenção de esclarecimentos; horário de funcionamento da administração; legislação vigente; observações peculiares à licitação etc.)

ANEXOS

- Memorial descritivo, projeto básico ou executivo (descrição clara e pormenorizada do objeto licitado, com detalhamento suficiente à correta elaboração da proposta comercial)
- Minuta do contrato (principais cláusulas, preâmbulo com a identificação das partes, objeto contratual, obrigações da contratada e da contratante, execução do objeto, valor e condições de pagamento, fonte de recursos, vigência, penalidades, reajuste, rescisão, indicação do foro competente etc.)
- Orçamento estimado em planilhas de quantitativos e preços unitários (no caso de obras e serviços de engenharia)
- Modelos de declarações, normas, regulamentos, outros documentos complementares exigidos no edital etc.

Fonte: Ariosto Mila Peixoto Advogados e Consultores

POR DENTRO DAS LICITAÇÕES

SAIBA TUDO SOBRE OS PROCEDIMENTOS ANTES DE PARTICIPAR

Quem coordena as licitações?

A comissão de licitações é composta sempre por três funcionários do órgão público licitante

O órgão que coordena qualquer processo licitatório é a comissão de licitações, também chamada de comissão julgadora, comissão permanente ou ainda comissão especial, quando a licitação tiver como objeto um bem ou serviço muito específico, que exija maior conhecimento técnico por parte de quem julgará as propostas. Ela é composta por no mínimo três membros, sendo um deles presidente da comissão, cuja única função a mais é dirigir os trabalhos, já que todos os membros têm o mesmo poder de voto. Os componentes da comissão devem sempre ser funcionários do órgão público que está licitando.

A comissão julgadora é obrigatória em qualquer licitação. No entanto, existem outros tipos de comissão. Uma delas é a comissão de cadastramento, que apenas avalia os documentos relacionados à habilitação das empresas que participam das licitações. A existência de outras comissões que não a julgadora depende do órgão público que está realizando a licitação. Mas, sempre que houver comissões além da julgadora, elas estarão previstas no edital da licitação.

> **FIQUE POR DENTRO**
>
> ■ *Ao contrário do que ocorre com o edital ou com os procedimentos da licitação, a comissão de licitação propriamente dita não é contestável, a não ser que sua constituição contenha alguma ilegalidade. Já os possíveis excessos da comissão podem ser contestados, daí a importância de conhecer bem as regras da licitação.*

Sites que você precisa conhecer

Aproveite as fontes de informação sobre licitações disponíveis na internet

Boa parte dos órgãos públicos federais, estaduais e municipais possui páginas na internet, com *links* destinados às suas compras. Esses *links* apresentam as licitações abertas pelo órgão público, seus editais e o andamento do processo licitatório. Muitos deles ainda trazem informações sobre a Lei de Licitações, os

regulamentos próprios e os resultados das licitações realizadas. E há ainda *sites* especializados em compras públicas e que realizam pregões eletrônicos.
Na esfera privada, muitas empresas especializadas no assunto oferecem serviços como treinamento de funcionários de departamentos de licitações de órgãos públicos e de empresas privadas e também possuem páginas informativas na internet, com legislação, decisões judiciais importantes, dicas e boletins com licitações abertas. Boa parte delas possui serviços pagos, que oferecem acesso a editais de licitação e assessoria jurídica a empresas que estejam participando de processos licitatórios.

SITES DO PODER PÚBLICO

Endereço eletrônico	O que é
www.comprasnet.gov.br	Portal de compras do governo federal, criado para atender à administração federal e informar fornecedores e a sociedade sobre as licitações no âmbito da União
www.licitacoes-e.com.br	*Site* do Banco do Brasil para compras públicas. Através dele, diversos órgãos realizam licitações eletrônicas. Em 2003 foram negociados pelo *site* mais de R$ 1 bilhão. O *site* traz informações detalhadas, manuais de atuação, apoio através de telefone 0800 e crédito para fornecedores.
www.celic.rs.gov.br	Central de Licitações do Rio Grande do Sul, que centraliza os procedimentos licitatórios do Estado
www.prefeitura.sp.gov.br	*Site* da prefeitura de São Paulo, que possui *link* específico para licitações do município, com extratos dos editais e um menu para as licitações de todos os órgãos municipais
www.portoalegre.rs.gov.br	Página do município de Porto Alegre, com *link* para licitações
www.licitacao.rio.rj.gov.br/licitação	Página de licitações da Prefeitura do Rio de Janeiro
www.becsp.com.br	*Site* da Bolsa Eletrônica de Compras do governo do Estado de São Paulo

EMPRESAS PRIVADAS QUE OFERECEM SERVIÇOS

www.licitacao.com.br	www.rcc.com.br	www.licitacoes.com.br
www.licita.com.br	www.selic.com.br	www.licnet.com.br

POR DENTRO DAS LICITAÇÕES

O leilão: quando o poder público quer vender

Não é só de compras que vivem os órgãos públicos. Muitas vezes, eles necessitam se desfazer de bens que não lhes servem mais. Há duas formas para que isso ocorra. Uma delas é a concorrência, modalidade de licitação utilizada para as compras de grande porte do poder público. Outra maneira de os órgãos públicos venderem bens é o leilão. O leilão é também uma modalidade de licitação, mas utilizada apenas para a venda de bens públicos. O rito é praticamente o mesmo utilizado em qualquer modalidade de licitação: inclui um aviso de edital, um edital com regras semelhantes às demais modalidades de licitação e que precisa seguir as normas previstas na Lei de Licitações e uma sessão pública, quando a empresa ou pessoa física que apresentar o maior preço leva o produto.

Vários órgãos públicos utilizam o leilão. Um deles é o Banco do Brasil. Boa parte dos bens vendidos pelo banco é proveniente do seu próprio acervo, que inclui móveis e equipamentos que não são mais necessários ou foram substituídos. A outra parte dos bens leiloados é composta de imóveis, sejam eles funcionais ou arrematados ou recebidos pelo banco em dação em pagamento de empréstimos.

Pela Lei de Licitações, os bens móveis e imóveis que uma sociedade de economia mista como o Banco do Brasil recebe de arrematação – quando um imóvel de um devedor é leiloado e o banco o arremata como parte do pagamento – ou dação em pagamento – quando o tomador de um empréstimo oferece o imóvel como pagamento da dívida – devem ser vendidos mediante leilão, ao passo que imóveis funcionais devem ser vendidos pela modalidade de concorrência. Os bens móveis que o banco arremata ou recebe em dação também são vendidos por meio do leilão.

1.200 imóveis vendidos

Em média, o Banco do Brasil realiza dezessete leilões de imóveis por mês em todo o país, incluindo lotes, apartamentos, fazendas e salas comerciais, cujos preços variam de R$ 400,00 a R$ 20 milhões. No caso de bens móveis, a média de leilões realizados é bem menor, mas um só leilão pode ter inúmeros itens Em 2002, foram vendidos 1.200 imóveis por cerca de R$ 82 milhões em todo o país.

Os leilões do Banco do Brasil podem ser administrativos ou oficiais. No leilão administrativo, um funcionário do banco, devidamente treinado, faz o papel de leiloeiro. No leilão oficial, o leiloeiro oficial é quem coordena a licitação.

A diferença é que um leiloeiro

oficial recebe 5% de comissão sobre o valor do bem vendido, enquanto no leilão administrativo todo o valor da venda é arrecadado pelo próprio banco. A lei deixa a critério do órgão público a escolha, mas o Banco do Brasil costuma utilizar leiloeiros oficiais somente quando os valores dos bens a serem vendidos são altos, já que para bens de valor menor o percentual de 5% encareceria o produto, afastando os potenciais compradores.

O caso do Banco do Brasil é típico de um banco estatal que necessita vender os imóveis arrematados ou dados em garantia para pagamento de empréstimos. No entanto, pela Lei de Licitações, a regra para a venda de imóveis é a concorrência, assim como para bens móveis que superem o valor de R$ 650.000,00, de forma isolada ou no total. Além disso, o único tipo de leilão existente é o do maior lance ou oferta, e as propostas, ao contrário das demais modalidades (com exceção do pregão), são públicas. Os interessados podem fazer várias propostas à medida que o valor do lance ou oferta vá aumentando. E, também ao contrário das demais modalidades de licitação, como se trata de venda de bens, o órgão público não precisa habilitar os participantes, embora possa pedir garantias que comprovem que eles têm condições de pagar pelo bem que estão adquirindo. Pela lei, os bens arrematados nos leilões devem ser pagos à vista ou no percentual estabelecido no edital, desde que não seja inferior a 5%, sendo que o bem é entregue na hora.

QUANTIDADE DE LEILÕES REALIZADOS POR ESTADO EM 2003

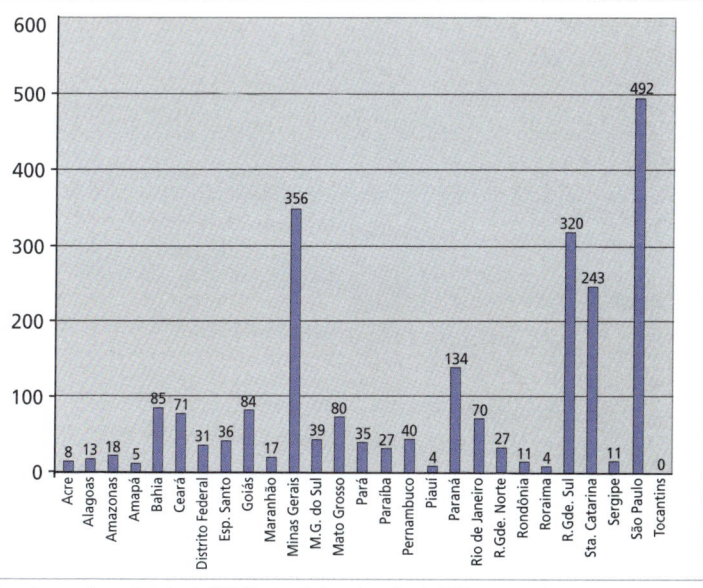

Estado	Quantidade
Acre	8
Alagoas	13
Amazonas	18
Amapá	5
Bahia	85
Ceará	71
Distrito Federal	31
Esp. Santo	36
Goiás	84
Maranhão	17
Minas Gerais	356
M.G. do Sul	39
Mato Grosso	80
Pará	35
Paraíba	27
Pernambuco	40
Piauí	4
Paraná	134
Rio de Janeiro	70
R.Gde. Norte	27
Rondônia	11
Roraima	4
R.Gde. Sul	320
Sta. Catarina	243
Sergipe	11
São Paulo	492
Tocantins	0

e acordo com o banco de dados da RHS Licitações. Dados até outubro de 2003.
onte: RHS Licitações

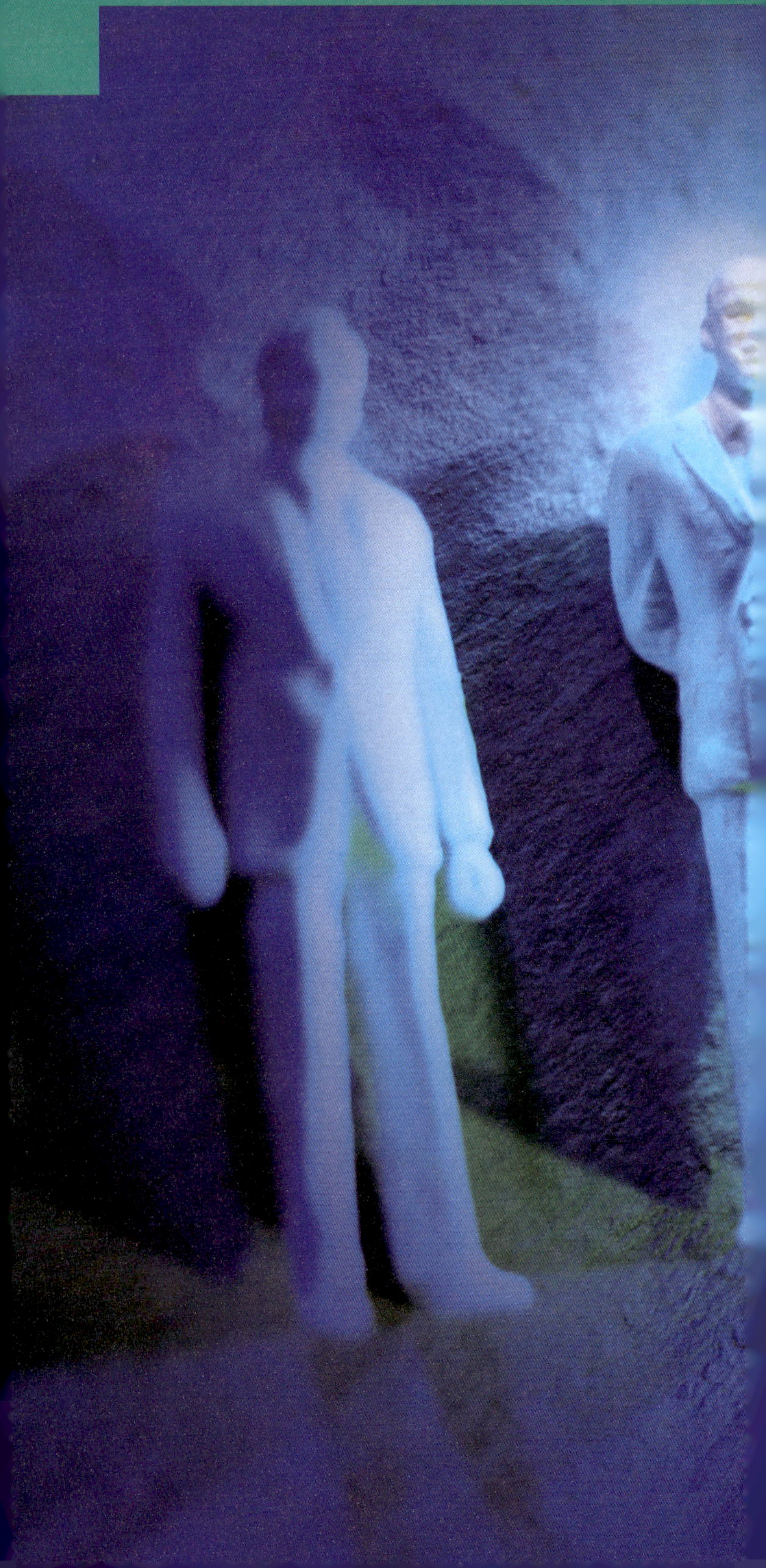

COMO PARTICIPAR DE UMA LICITAÇÃO

APRENDA A DISPUTAR E GANHAR UM CONTRATO COM A ADMINISTRAÇÃO PÚBLICA

A empresa pode usar os procedimentos específicos da licitação como meio de se destacar entre os concorrentes

COMO PARTICIPAR DE UMA LICITAÇÃO
APRENDA A DISPUTAR E GANHAR UM CONTRATO COM A ADMINISTRAÇÃO PÚBLICA

Como saber se estou apto a participar de uma licitação?

Por mais complicadas que pareçam, as licitações obedecem a uma lógica que facilita a compreensão e adequação das empresas às compras da administração pública

Após descobrir a existência de uma licitação, o interessado em vender à administração pública deve estudar com atenção o edital divulgado pelo órgão público. Nele, ele conhecerá todos os detalhes da licitação, como os valores envolvidos e, em especial, as exigências feitas à participação de empresas. O edital traz, obrigatoriamente, todos os requisitos que o empresário precisa cumprir para concorrer à compra pública.

O primeiro passo é saber de que tipo de empresa o órgão público quer comprar. E um dos pontos de maior importância é verificar se o objeto social da empresa está de acordo com o item a ser comprado. Um restaurante não pode participar de uma licitação para a compra de material higiênico ou de limpeza, por exemplo.

O edital também pode definir a experiência e a abrangência necessárias ao fornecedor do produto ou serviço que está sendo licitado, sempre, é claro, respeitando algumas normas. Todas essas especificações devem estar previstas no edital e ser preenchidas pelos empresários na fase da habilitação.

Outro passo importante é tentar obter de forma ágil os principais documentos técnicos que serão pedidos durante a licitação. Mesmo que esteja apta a participar, a empresa poderá ser excluída se não entender exatamente o que está sendo exigido e não entregar o documento ou comprovação técnica certos.

O que é habilitação?

O primeiro passo para entrar no mundo das compras públicas é a adequação legal, fiscal e econômica da empresa para essa nova área comercial, o que requer pouco trabalho

A habilitação é a comprovação de que a empresa está apta a participar de uma licitação. Ela inclui várias etapas: primeiro, a habilitação jurídica e a comprovação de regularidade fiscal, feitas através de documentos que comprovem que a empresa está funcionando regularmente; em seguida, a qualificação técnica e a qualificação econômico-financeira, que demonstram, também por meio de documentos, que a empresa tem condições de cumprir os requisitos do edital em relação à produção do bem ou serviço que está sendo licitado.

Via de regra, a habilitação é feita em cada licitação, exceto quando o órgão público cria um cadastro de fornecedores. Nesses casos, as empresas interessadas em participar das licitações públicas se qualificam antes da existência da licitação, normalmente no fim de um ano ou início do próximo. No ato da licitação, a empresa apenas apresenta seu cadastro e está dispensada de toda a burocracia, exceto do fornecimento das informações que comprovem que está com a situação fiscal em dia até a data daquela licitação específica. Em geral, os cadastros são utilizados para compras de menor valor e feitas por determinadas modalidades, como a tomada de preços, convite e o pregão.

A habilitação é uma das etapas mais importantes da licitação e, embora simples, requer organização. A empresa deve fazer uma lista de todos os documentos necessários, esclarecer as dúvidas junto à comissão de licitação e ir atrás dos documentos exigidos. Mas nunca deixe para a última hora, pois documentos que não satisfazem exatamente o que o edital pede podem desclassificar uma empresa.

COMO PARTICIPAR DE UMA LICITAÇÃO

APRENDA A DISPUTAR E GANHAR UM CONTRATO COM A ADMINISTRAÇÃO PÚBLICA

Como se faz a habilitação jurídica?

A documentação necessária para demonstrar que a empresa funciona regularmente e está apta a participar da licitação é simples

A habilitação jurídica é a comprovação de que a empresa funciona regularmente perante os órgãos públicos. O poder público não pode, sob qualquer hipótese, contratar uma empresa irregular, ou que não existe formalmente, para fornecimento de qualquer tipo de bens ou serviços.
A capacidade jurídica de uma empresa, portanto, é a sua condição de contrair obrigações e exercer direitos.

> **FIQUE POR DENTRO**
>
> ■ *A Lei de Licitações não especificou se a exigência da cédula de identidade ocorre somente para as pessoas físicas ou também para os sócios das empresas participantes. Para evitar contratempos, normalmente as empresas incluem entre os documentos as cédulas de identidade de seus sócios.*

DOCUMENTOS EXIGIDOS PARA A HABILITAÇÃO JURÍDICA

Documento	Onde encontrar
Cédula de identidade	É a carteira de identidade da pessoa física que está participando da licitação e dos sócios da empresa participante.
Registro comercial para empresas individuais	Na Junta Comercial do Estado onde está constituída a empresa.
Ato constitutivo, estatuto ou contrato social da empresa	Na Junta Comercial do Estado onde está constituída a empresa.
Autorização do Poder Executivo para as empresas estrangeiras	Variável de acordo com o setor em que atua a empresa.

O que é regularidade fiscal?

É a prova de que a empresa está com todos os tributos pagos em dia

Outra exigência feita pela administração pública para que as empresas possam participar de licitações é a comprovação da regularidade de sua situação fiscal. Da mesma forma como o poder público não pode contratar empresas em situação irregular no que diz respeito à sua constituição, ele também não pode contratar empresas que não estejam em dia com as obrigações fiscais e sociais estabelecidas na legislação brasileira.

O cadastro exigido depende do tipo de empresa. Se a empresa for do ramo comercial, será o cadastro estadual do ICMS. Se for uma prestadora de serviços, o cadastro municipal do ISS.

DOCUMENTOS EXIGIDOS PARA A REGULARIDADE FISCAL

Documento	Para que serve	Onde encontrar
Inscrição no Cadastro de Pessoas Físicas (CPF) para pessoas físicas e no Cadastro Nacional de Pessoas Jurídicas (CNPJ)	Demonstra que a empresa funciona regularmente perante a União	Emitida pela Secretaria da Receita Federal (www.receita.fazenda.gov.br)
Inscrição no cadastro de contribuintes estadual ou municipal	Demonstra que a empresa funciona regularmente perante os Estados e municípios	Feita pelas Secretarias de Fazenda dos Estados e municípios
Certidão Negativa de Débitos de tributos e contribuições federais	Demonstra que a empresa está em dia com os impostos federais	Emitida pela Secretaria da Receita Federal
Certidão quanto à Dívida Ativa da União	Demonstra se há impostos não pagos sendo executados	Emitida pela Procuradoria Geral da Fazenda Nacional (PGFN) (www.pgfn.fazenda.gov.br)
Certidão do Imposto sobre Circulação de Mercadorias e Serviços (ICMS)	Garante que a empresa está em dia com o imposto estadual	Emitida pelas Secretarias de Fazenda estaduais
Certidão dos impostos municipais como Imposto Sobre Serviços (ISS) e Imposto Predial e Territorial Urbano (IPTU)	Garante que a empresa está em dia com os impostos municipais	Emitidas pelas Secretarias de Fazenda municipais
Certidão de Regularidade Fiscal do Fundo de Garantia do Tempo de Serviço (FGTS)	Garante que a empresa faz os depósitos do FGTS de seus funcionários em dia	Emitida pela Caixa Econômica Federal (www.cef.gov.br)
Certidão negativa de débitos do Instituto Nacional do Seguro Social (INSS)	Garante a inexistência de débitos previdenciários por parte da empresa	Emitida pelo Instituto Nacional do Seguro Social (INSS) (www.inss.gov.br)

COMO PARTICIPAR DE UMA LICITAÇÃO
APRENDA A DISPUTAR E GANHAR UM CONTRATO COM A ADMINISTRAÇÃO PÚBLICA

Qual a validade da regularidade fiscal?

É bom ficar de olho para não ser surpreendido por documentos vencidos sem que haja tempo hábil para regularizar a situação

Empresas que aderiram ao Programa de Recuperação Fiscal (Refis) do governo federal podem participar de licitações, desde que estejam em dia com as parcelas, assim como empresas que tenham oferecido bens à penhora para o pagamento de dívidas.

Tão importante quanto estar em dia com as obrigações fiscais no momento da habilitação é se manter regularizado até o fim do processo licitatório. A situação fiscal da empresa será novamente checada no ato da assinatura do contrato, caso ela seja a vencedora da licitação. Portanto, nunca esqueça de conferir a validade dos documentos exigidos, pois alguns são válidos apenas por seis meses.

Todos os documentos exigidos para a regularidade fiscal da empresa podem ser obtidos pela internet, com exceção de alguns dados de IPTU, dependendo do município. As maiores cidades já disponibilizam o serviço eletrônico. Além disso, o documento impresso pela internet é considerado como original.

Como comprovar a qualificação econômico-financeira?

Para garantir que as empresas contratadas honrarão os contratos, os órgãos públicos podem checar a saúde e o fôlego de seus futuros parceiros

Os órgãos públicos são obrigados a aceitar a certidão positiva de débito com efeitos de negativa, ou seja, quando realmente existe um débito, mas ele está sob parcelamento ou discussão judicial.

A comprovação da qualificação econômico-financeira da empresa tem o objetivo de garantir ao órgão licitante que os produtos ou serviços serão fornecidos, já que o vencedor da licitação terá capacidade de cumprir o contrato. Essa exigência, entretanto, não pode ser excessiva. Algumas exigências de comprovação econômico-financeira são questionáveis. Não são raros os casos de empresas que saíram vencedoras de licitações após recorrerem da desclassificação financeira, alegando excesso de exigências por parte do órgão público licitante. Fique sempre atento para verificar se os documentos exigidos no edital estão de acordo com o que diz a Lei de Licitações.

O QUE COMPROVA A QUALIFICAÇÃO ECONÔMICO-FINANCEIRA DA EMPRESA

Balanço patrimonial e demonstrações contábeis do último exercício, desde que exigível legalmente, como a publicação de balanços das empresas organizadas em forma de S.A..

Exigência de certidão negativa de falência, concordata e execução patrimonial.

Garantia, que poderá ser em depósito prévio, de até 1% do valor do contrato a ser licitado.

Capital social mínimo até o limite de 10% do valor total do contrato.

Índice de liquidez, para comprovar a liquidez corrente da empresa.

PRINCIPAIS ÍNDICES DE LIQUIDEZ UTILIZADOS

Índice	Como funciona
Liquidez corrente	É a relação entre o caixa da empresa (ativo circulante) e a dívida de curto prazo (passivo circulante). Quanto maior o índice, melhor, já que ele comprova quantas vezes a empresa consegue pagar suas obrigações mais próximas de vencer.
Liquidez geral	É semelhante à liquidez corrente, porém relaciona todos os ativos da empresa com todos os passivos. Quanto maior o índice, melhor.
Endividamento	Relaciona o capital próprio com as dívidas de terceiros. Nesse caso, quanto menor o índice, melhor.

COMO PARTICIPAR DE UMA LICITAÇÃO

APRENDA A DISPUTAR E GANHAR UM CONTRATO COM A ADMINISTRAÇÃO PÚBLICA

Como comprovar a qualificação técnica?

É neste item que se concentram as maiores dúvidas e dificuldades que acabam afastando muitas empresas das licitações

Qualquer exigência técnica feita pelo órgão licitante deve ter um bom fundamento técnico ou legal. Se um órgão, como o Procon, por exemplo, estabelecer um cadastro de "empresas amigas do consumidor", isso nunca poderá ser exigido em um edital de licitação, já que qualquer exigência deve ter respaldo legal. Excessos no pedido de comprovação técnica também podem ser contestados com perícias ou relatórios de entidades de classe.

Esta é uma das qualificações que cria o maior número de controvérsias nas licitações. Embora seja simples em teoria, alguns órgãos públicos exageram nos pedidos de comprovação técnica. Em alguns casos, segundo os especialistas, esse exagero é proposital para beneficiar determinada empresa na licitação. O problema é que os requisitos técnicos são muito abrangentes e dão margem a interpretações diversas e, em alguns casos, também a desvios.

Por isso, a empresa que pretende participar de uma licitação deve ficar atenta a alguns pontos. Um deles é que não se pode exigir experiência baseada na localidade do serviço prestado. Uma prefeitura que pretende contratar uma empresa para fazer reparos no telhado de um prédio ou fornecer 10 mil refeições por dia, por exemplo, pode exigir que a empresa comprove que já possui experiência no serviço, porém não pode exigir que essa experiência tenha sido no mesmo município ou Estado que está licitando. A exigência da experiência também não poderá indicar números máximos ou mínimos, ou seja, a empresa precisa provar apenas que tem capacidade e que já teve experiência em um determinado serviço ou produto, mas não se pode exigir que tenha realizado um número determinado de fornecimentos de bens ou serviços idênticos ao licitado. Entretanto, o atestado de capacidade técnica sempre deve conter características, quantidades, prazos e nível de satisfação.

FIQUE POR DENTRO

- *Jamais apresente um documento falso para comprovar a capacidade técnica da empresa. Isso pode gerar processos judiciais por falsidade ideológica e fraude em licitação – crimes punidos no Código Penal com pena de reclusão, além de multa.*

Há limites para as exigências?

A administração pública não pode criar critérios além dos previstos em lei para avaliar uma empresa

A exigência de atestados de capacidade técnica nos editais é um dos grandes motivos do ingresso de mandados de segurança na Justiça para impedir a realização de licitações. Portanto, fique atento: é proibido exigir mais de um atestado de capacidade técnica ou ainda um atestado de aptidão técnica idêntico ao objeto licitado, pois fere a Lei de Licitações. Da mesma forma, a lei proíbe a exigência de nota fiscal do serviço realizado pela empresa, até porque a comprovação da realização do serviço não garante a qualidade.

> **FIQUE POR DENTRO**
>
> ■ *O órgão licitante não pode exigir que a empresa ou o profissional estejam em dia com o pagamento de anuidades ou mensalidades do seu órgão de classe.*

DOCUMENTOS EXIGIDOS PARA A QUALIFICAÇÃO TÉCNICA

Documento	O que é
Registro ou inscrição na entidade profissional competente	São os registros em conselhos regionais como os de engenharia, medicina etc., autarquias criadas por lei. Registros em sindicatos e associações não são válidos.
Comprovação de aptidão para o cumprimento da licitação	Normalmente, são atestados de órgãos públicos ou de empresas privadas, que devem sempre ser registrados no conselho federal ao qual pertence a empresa.
Comprovação de que a empresa tomou conhecimento das condições do objeto a ser licitado	É exigida, em geral, quando o objeto licitado é uma obra. Essa comprovação é feita por vistoria e, quando necessário, pelo próprio órgão que está licitando.
Prova de atendimento de requisitos de leis especiais	Essa exigência depende do serviço ou produto. Em geral, refere-se a normas ambientais e de segurança para determinados setores, como produtos tóxicos.

COMO PARTICIPAR DE UMA LICITAÇÃO
APRENDA A DISPUTAR E GANHAR UM CONTRATO COM A ADMINISTRAÇÃO PÚBLICA

Como apresentar os documentos na licitação?

Os envelopes são a alma do processo de licitação. É neles que as empresas apresentam os documentos para a habilitação e as propostas comerciais

Na hora da licitação, a empresa deve entregar dois envelopes, um com sua proposta comercial e outro com os documentos exigidos para a habilitação. Se for uma licitação do tipo melhor técnica ou técnica e preço, serão três envelopes. A forma de organização desses documentos deve sempre estar prevista no próprio edital, e, mais uma vez, qualquer dúvida deve ser esclarecida com a comissão de licitação, para que um equívoco menor não comprometa a classificação da empresa.

A única exceção à forma como é feita a entrega da documentação é o pregão eletrônico, já que tudo é feito pela internet. É importante que o empresário ou seu representante tenham em mente os documentos pedidos e saibam identificá-los, já que, durante a sessão pública de abertura das propostas, todos os concorrentes devem checar os documentos dos outros candidatos. Isso é feito antes da abertura das propostas. Portanto, é importante buscar falhas nos menores detalhes da documentação do concorrente, pois ele poderá "roubar" o seu lugar na hora da classificação final.

> ***documentos***
> *Não basta que as empresas apresentem todos os documentos exigidos: é preciso que eles estejam válidos. Na hora da abertura dos envelopes, é importante checar data da emissão, prazo de validade, abrangência da certificação e se há alguma ressalva. Além disso, os documentos devem ser originais ou autenticados.*

DICAS PARA A SESSÃO DE HABILITAÇÃO

Seja pontual, pois o atraso pode ser motivo de contestação de um concorrente.

Conteste quando algum concorrente quiser entregar o envelope com atraso.

Confira a inviolabilidade dos envelopes.

Os envelopes sempre devem estar rubricados.

Os documentos devem ser rubricados e autenticados.

Examine os documentos com calma, pois os erros costumam estar nos detalhes.

Fonte: RHS Licitações

Como reduzir a burocracia utilizando o pré-cadastramento?

O primeiro passo para diminuir ainda mais a burocracia das licitações é utilizar os chamados certificados de registro cadastral

Embora os documentos exigidos para a participação em uma licitação não sejam necessariamente difíceis de obter, podem se tornar um problema na movimentada rotina dos negócios ou no caso de empresas que não possuem funcionários dedicados exclusivamente à atualização desses documentos. Dessa forma, o pré-cadastramento pode ser uma boa opção. Além de reduzir a burocracia, faz com que a empresa já esteja pré-habilitada e possa até mesmo ser incluída na carta-convite ou ouvida na hora de calcular os preços referenciais de uma licitação.

O pré-cadastramento, entretanto, não substitui toda a habilitação. Apenas elimina a fase da habilitação jurídica. Como tem validade de um ano, o cadastramento exige que, a cada licitação, a empresa comprove sua regularidade fiscal.

O primeiro sistema de pré-cadastramento do Brasil foi o Sistema de Cadastramento Unificado de Fornecedores (Sicaf), criado pelo governo federal para o cadastramento de fornecedores de todas as suas divisões administrativas.

O sistema, entretanto, não é de uso exclusivo da União: estados e municípios podem utilizar seus dados. Há estados, municípios e órgãos públicos, como o Banco do Brasil, que já criaram sistemas exclusivos de cadastros.

Sicaf
O Sicaf é um módulo informatizado do Sistema Integrado de Administração de Serviços Gerais (Siasg), de operação on line, que o Ministério do Planejamento, Orçamento e Gestão desenvolveu em 1995 para facilitar o cadastramento dos fornecedores do governo federal. Qualquer empresa pode se cadastrar no Sicaf pelo site www.comprasnet.gov.br.

COMO PARTICIPAR DE UMA LICITAÇÃO

APRENDA A DISPUTAR E GANHAR UM CONTRATO COM A ADMINISTRAÇÃO PÚBLICA

Como formar um consórcio?

Há contratos com a administração pública que permitem que duas ou mais empresas se unam para, juntas, tentar vencer a licitação

Se não possuir todas as qualificações técnicas para participar da licitação, a empresa poderá, sempre que o edital permitir, constituir consórcio com outras empresas.

A constituição de um consórcio, no entanto, exige alguns cuidados. Como o consórcio é criado para um fim específico, o compromisso que regula sua formação deve ser muito detalhado, com vistas a estipular exatamente a divisão de tarefas e responsabilidades entre as empresas participantes, e isso pode ser importante para a habilitação na licitação. Como não é necessário que o consórcio já exista no ato de apresentação das propostas, o ente público só poderá exigir sua formação legal no momento da assinatura do contrato. Se as empresas que se comprometeram a firmar um consórcio não promoverem sua constituição e seu registro legal, podem ser penalizadas administrativamente, inclusive com multas.

> **FIQUE POR DENTRO**
>
> ■ *O órgão público poderá aumentar em até 30% os valores do capital social ou patrimônio líquido exigidos para a comprovação da qualificação econômico-financeira de um consórcio. Se for usado algum índice de liquidez, ele deve ser feito para cada empresa.*

CUIDADOS NA HORA DE FORMAR UM CONSÓRCIO

Todas as empresas precisam, individualmente, obter habilitação jurídica e fiscal.

As habilitações técnica e econômica podem ser obtidas de forma conjunta pelo consórcio. A única exigência que o órgão público pode fazer é aumentar em até 30% - com exceção de microempresas - os valores determinados para a comprovação econômica.

É preciso uma comprovação de consórcio formado ou de compromisso de formação no caso do grupo sair vencedor da licitação.

É necessário definir a empresa responsável pelo consórcio, que será a líder e atenderá às principais exigências burocráticas do edital.

A mesma empresa não poderá estar inscrita em dois consórcios distintos.

Como estabelecer
o preço para a proposta?

Na definição do preço, um contrato com um órgão público é diferente de uma venda tradicional

Após a empresa estar totalmente apta a participar da licitação, entra em cena o fator primordial para a seleção do vencedor: o preço. É nesse ponto que surgem as principais dúvidas comerciais. Nem sempre vender ao poder público é como vender a uma outra empresa ou a pessoas físicas. Há certas normas que devem ser levadas em conta no momento de apresentar a proposta.

A melhor forma de oferecer preços competitivos em uma licitação é saber, primeiramente, o real custo de seu produto ou serviço. Os valores de terceiros, como transporte ou matéria-prima, devem estar claramente definidos e precificados, para que o licitante saiba onde pode cortar seus custos. Isso tudo é importante não apenas para fornecer a melhor proposta, mas também para ver se vale a pena baixar tanto o preço para vencer a licitação.

Por lei, o órgão público pode atrasar o pagamento por até 90 dias – com possibilidade de indenização – sem que isso sirva de justificativa para que a empresa fornecedora do produto ou serviço peça o fim do contrato. Dessa forma, o empresário, além de conhecer toda a sua cadeia produtiva para baixar seu preço, precisa ter consciência do risco de crédito antes de definir sua proposta. Precisa avaliar o impacto que o não-pagamento do contrato que pretende obter na licitação pode causar em suas contas. Deve, inclusive, informar-se junto ao seu banco sobre taxas e condições de financiamento, caso tenha de enfrentar um período grande de inadimplência do poder público. Vale lembrar: durante os 90 dias de inadimplência permitida do poder público, a empresa não pode deixar de fornecer os bens e serviços, sob pena de multa.

Uma das causas dos baixos preços pagos pelo governo do Estado de São Paulo nos contratos realizados através do pregão eletrônico é o pagamento em dia. A Nossa Caixa se responsabiliza pelo pagamento, o que permite aos empresários deixar o preço o mais barato possível, sem risco de calotes. Portanto, procure saber se a entidade licitante costuma pagar em dia suas obrigações. Um histórico ruim pode fazer com que as empresas precisem embutir no preço o elevado risco de não receber.

FIQUE POR DENTRO

- *Mesmo no pregão presencial ou eletrônico, onde é possível baixar os preços durante a sessão, é importante que o limite de preço mínimo esteja claro, para que o negócio seja lucrativo. No afã de vencer a licitação, a empresa poderá propor valores que transformam sua oferta em um péssimo negócio.*

COMO PARTICIPAR DE UMA LICITAÇÃO

APRENDA A DISPUTAR E GANHAR UM CONTRATO COM A ADMINISTRAÇÃO PÚBLICA

Como as propostas são avaliadas?

A licitação deve sempre se basear em princípios éticos. Portanto, nenhum critério subjetivo pode valer na hora de escolher o vencedor

Concluída a habilitação, na sessão pública de abertura das propostas, se a licitação for pelo menor preço, abre-se o envelope de propostas. Se for pela melhor técnica ou técnica e preço, em que, além do envelope de habilitação, há dois envelopes, abre-se primeiro o envelope da proposta técnica. Após seu julgamento, abre-se o envelope da proposta financeira para a definição do vencedor.

Nas licitações por menor preço – a imensa maioria –, não se pode definir o vencedor com base em qualquer critério subjetivo: o único critério válido, após a habilitação dos participantes, será o preço: quanto menor, melhor.

A administração não pode escolher um vencedor levando em conta vantagens ou temas que não estejam claramente na licitação, como, por exemplo, promessas de desconto em outros serviços ou adicionais gratuitos.

Outro fato importante é a desclassificação por preço inexeqüível. Para que a proposta seja considerada, não poderá ser inferior a 70% do valor orçado pela administração ou a 70% da média das propostas apresentadas. Em alguns casos, entretanto, a empresa pode comprovar o porquê do baixo preço. Em outros, a administração pode exigir garantias.

> *Preço inexeqüível*
> *é aquele impossível de ser praticado por uma empresa para determinado bem ou serviço, sendo previsível um futuro inadimplemento da empresa. Os critérios de aceitabilidade dos preços devem sempre estar definidos no edital da licitação.*

A avaliação é definitiva?

Sempre há a possibilidade de contestar o resultado da licitação em recursos administrativos ou mesmo na Justiça

Depois de julgadas as propostas comerciais das empresas, não há outra fase de avaliação. Mas o resultado pode ser discutido. Desde que respeitados os prazos, qualquer concorrente pode entrar com um recurso administrativo ou judicial para evitar a celebração de um contrato, contanto que tenha justificativas para isso.
A grande vantagem do recurso administrativo é sua simplicidade. Escrito de maneira simples, não precisa contar com um grande embasamento jurídico, e nem mesmo ser preparado por um advogado.

COMO PARTICIPAR DE UMA LICITAÇÃO

APRENDA A DISPUTAR E GANHAR UM CONTRATO COM A ADMINISTRAÇÃO PÚBLICA

Como é feita a escolha do vencedor da licitação?

Todo o procedimento público durante a licitação deve ser aberto e transparente, e os documentos podem ser acessados por qualquer concorrente ou cidadão

Após o fim do processo de habilitação e avaliação das propostas, a comissão de licitação encaminha ao órgão público que a designou o resumo do que ocorreu e os nomes dos vencedores. Esse ato encerra o trabalho da comissão e inicia o relacionamento direto entre o vencedor da licitação e o órgão público. A partir daí, começa a fase de homologação e adjudicação da licitação.

homologação
Normalmente, a homologação antecede a adjudicação. Porém, a troca da ordem não compromete em nada o processo.

A homologação é a aceitação, por parte do órgão público, de todo o trabalho da comissão de licitação. Essa fase confere legalidade ao procedimento e confirma se ainda existe a conveniência de ser mantida a licitação. Já a adjudicação é o início concreto do relacionamento entre o órgão público e a empresa que venceu a licitação. Nesse momento, a administração pública põe o objeto licitado à disposição do licitante vencedor, ou seja, começa a contratação propriamente dita.

Qual a validade da homologação?

A fase final, antes da assinatura do contrato, ainda requer cuidados especiais

A homologação e a adjudicação têm validade total. Para homologar uma licitação, o órgão público já analisou todos os recursos administrativos da licitação e encerrou todo o procedimento, garantindo que, do ponto de vista do órgão público promotor da licitação, o processo foi concluído com êxito. Após a homologação, a única medida capaz de interferir na efetiva contratação da licitação é a medida judicial – normalmente ações cautelares ou mandados de segurança. Mesmo após a contratação, entretanto, sempre é possível que qualquer concorrente ou cidadão entre com uma representação administrativa junto ao Tribunal de Contas do município, do Estado ou da União, conforme o caso. Se o Tribunal de Contas entender que há ilegalidades ou problemas, poderá tomar algumas medidas, como a suspensão do contrato ou a revisão de pequenos pontos. Mas o objetivo do Tribunal de Contas será sempre evitar um prejuízo maior para a administração pública. Ele não analisará o caso da perspectiva da empresa, ou seja, o objetivo do tribunal não é atender ao pedido particular de uma empresa, mas o interesse da coletividade.

COMO PARTICIPAR DE UMA LICITAÇÃO

Como as grandes empresas se armam para ganhar as licitações?

Como as licitações movimentam bilhões de reais por ano, as grandes empresas do Brasil, de olho nesse mercado promissor, criam verdadeiras estruturas de guerra para sair vitoriosas e fechar contratos que garantam bom faturamento e lucratividade.
As formas de garantir sucesso nas licitações são variadas, mas, de uma maneira mais abrangente, podem ser dividas em três estratégias distintas: criação de um departamento específico para licitação, que deve cuidar de tudo o que se refere ao tema, como acompanhamento de publicações, elaboração de propostas e recursos administrativos e judiciais, terceirização total do processo licitatório ou ainda criação de apenas uma divisão comercial de licitação, que utiliza toda a estrutura jurídica comum da empresa para atuar junto aos órgãos públicos.
Há casos bem-sucedidos em todas as estratégias conhecidas e nas combinações possíveis entre elas, o que significa que, para obter sucesso, a empresa tem que pensar a licitação de forma especial. Mas não há necessidade de adotar modelos prontos de estrutura administrativa empresarial.
A Unilever, empresa com atuação mundial em diversos setores, como alimentos, higiene e limpeza, com marcas como Hellmann's, Knorr, Comfort e Lux, não possuiu uma estrutura específica para licitações. As oportunidades de vendas ao setor público são tratadas pela mesma divisão que trabalha com as demais vendas da companhia. E, para todos os problemas burocráticos e legais que possam surgir na licitação, a Unilever utiliza o mesmo sistema existente na empresa. Isso, entretanto, não significa descaso com as compras públicas. Muito pelo contrário: todos os integrantes do departamento de vendas estão de olhos abertos para as oportunidades de bons negócios existentes nos órgãos públicos.

Gerência para governos

A gigante alemã DaimlerChrysler, fabricante dos automóveis e caminhões das marcas Mercedes-Benz, Chrysler, Jeep e Dodge, entre outras, por sua vez, possui uma estrutura específica de licitações no Brasil: uma gerência de vendas de veículos comerciais para o governo. Essa divisão contempla, além dos órgãos públicos, grandes clientes institucionais, como as frotas empresariais de algumas companhias. Essa diferença é

importante, pois a empresa normalmente não vende seus produtos de forma aberta no mercado, mas através de uma rede de concessionárias, sendo necessário um grande esforço para acompanhar as grandes compras do governo.
Outras empresas optam pela terceirização na busca de informações sobre licitações. Contratam empresas especializadas em licitações, que fazem o acompanhamento de todos os diários oficiais do Brasil. Em geral, essas empresas cobram semestralidades que, em novembro de 2003, ficavam entre R$ 300,00 e R$ 1.000,00, dependendo da abrangência da pesquisa e das informações solicitadas. Muitas empresas utilizam esses serviços, inclusive para auxiliá-las a atender à burocracia das licitações, como levantamento de documentos e realização de cadastros da empresa em diversos órgãos públicos.
Quem acredita, entretanto, que as grandes empresas só se preocupam em saber e participar das licitações está redondamente enganado. Sim, existe propaganda e publicidade nas compras públicas. Ao contrário da propaganda comercial, porém, a empresa não pretende garantir suas vendas atuando junto às pessoas que decidem pela compra, ou seja, as comissões de licitação: isso seria antiético e ineficiente. A estratégia adotada pelas empresas prevê, apenas, a criação de demanda por seus produtos, ou seja, elas tentam influenciar o usuário final do produto ou do serviço, que, em última análise, vai pedir que seja aberto o processo de licitação.
A concorrência segue de forma natural e sem favorecimentos. A única vantagem da propaganda é fazer com que os funcionários públicos que lidam diretamente com seu produto ou serviço saibam que a empresa tem novidades e conheçam suas características, para que isso seja levado em conta na hora da elaboração do edital. O órgão público não pode, em hipótese alguma, definir a marca do produto, mas pode utilizar os dados contidos em prospectos para definir os critérios do objeto de licitação. Dessa forma, não se pode garantir que a empresa saia vencedora: apenas que seu produto será conhecido. E, se as especificações técnicas do objeto licitado forem muito semelhantes ao seu produto, mesmo que isso não elimine de uma vez os concorrentes, certamente coloca a empresa no páreo. Pode-se, inclusive, fornecer um produto – uma balança, por exemplo – para um órgão público como cortesia por um período determinado de tempo. Esse mecanismo é importante para divulgar novos produtos e serviços e no caso em que muitas opções do mercado podem satisfazer o pedido da administração. Tudo dentro da lei.

O PREGÃO

A MAIS NOVA MODALIDADE DE LICITAÇÃO É A QUE MAIS CRESCE NOS ÓRGÃOS PÚBLICOS

O pregão é uma inovação que garante economia e rapidez às licitações e aumenta as possibilidades de participação das empresas

O PREGÃO

A MAIS NOVA MODALIDADE DE LICITAÇÃO É A QUE MAIS CRESCE NOS ÓRGÃOS PÚBLICOS

Como surgiu o pregão?

A forma mais moderna de licitação traz vantagens tanto para a administração pública quanto para as empresas

O pregão é a forma mais moderna de licitar, por garantir maior agilidade, economia e desburocratização nos processos de compras públicas. A grande diferença do pregão em relação às outras modalidades de licitação é sua simplicidade e flexibilidade. E quem imagina que o pregão é realizado por lances, como os leilões de animais ou de tapetes feitos pela TV, está certo: o pregão tem nos lances de ofertas sua grande vantagem, que garante ao poder público comprar pelo menor preço.

AS LICITAÇÕES POR MODALIDADE EM 2003*

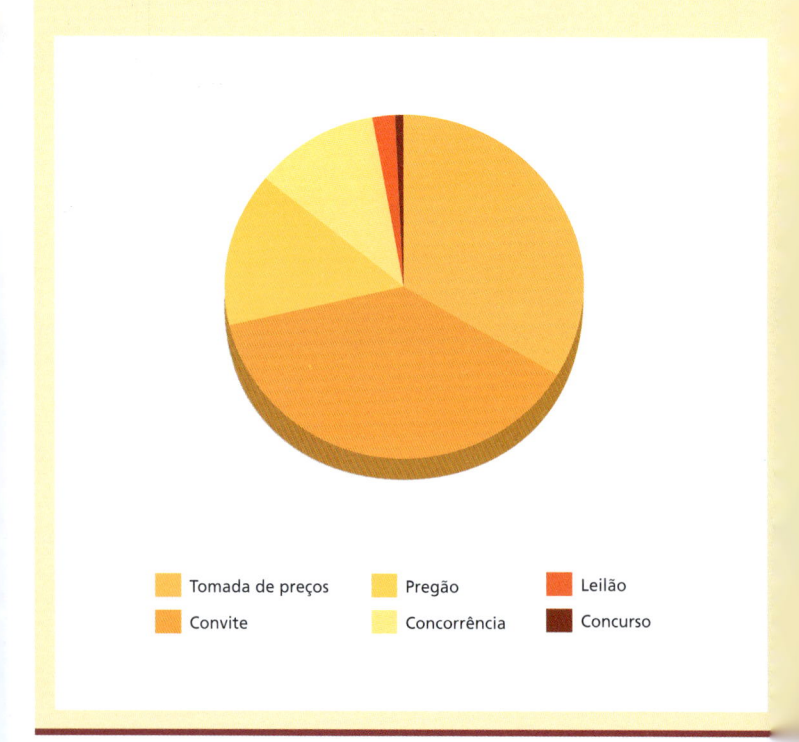

- Tomada de preços
- Pregão
- Leilão
- Convite
- Concorrência
- Concurso

*De acordo com o banco de dados da RHS Licitações. Dados até outubro de 2003.
Fonte: RHS Licitações

O pregão surgiu em 1998 para ser usado nas compras realizadas pela Agência Nacional de Telecomunicações (Anatel), que tem liberdade para dispor sobre as regras de licitação do setor. Em 2000, toda a administração pública federal começou a utilizar o pregão e, a partir da Lei nº 10.520, de 2002, todos os órgãos públicos do país puderam usar a modalidade.

Suas características são tão inovadoras e positivas que é dado como certo pelos especialistas do setor que o pregão será, talvez em meados de 2004 ou 2005, o meio mais utilizado para as compras públicas no país, seja na sua forma presencial ou eletrônica. As regras, aliás, são as mesmas para as duas modalidades.

Uma das grandes vantagens do pregão é que as fases da licitação são invertidas: primeiro se define o menor preço e só depois o vencedor se preocupa com os documentos que deve apresentar à comissão de licitação. Se esse vencedor tiver algum problema legal, chama-se automaticamente o segundo colocado, sem necessidade de um novo pregão.

Todos os órgãos públicos estão aptos a realizar pregões. A lei que normatizou essa forma de licitação ampliou o uso do mecanismo, que de 1998 a 2002 ficou restrito à administração pública federal. Da mesma forma, toda e qualquer empresa apta a participar de licitações pode concorrer no pregão, seja ele eletrônico ou presencial. As exigências legais e fiscais são as mesmas, já que ambas se baseiam na Lei de Licitações.

O PREGÃO

A MAIS NOVA MODALIDADE DE LICITAÇÃO É A QUE MAIS CRESCE NOS ÓRGÃOS PÚBLICOS

O que o pregão traz de novo?

Cuidados especiais são necessários a quem se envolve diretamente com essa forma de compra pública

A simplicidade do pregão é sentida até mesmo em sua estrutura administrativa. Ao contrário da comissão de licitação, no pregão – seja ele presencial ou eletrônico – há apenas a autoridade superior, o pregoeiro e a equipe de apoio. Em geral, eles pertencem ao órgão licitante. Mas essa simplicidade pode ser perigosa: pelas características do lance de ofertas, não é qualquer pessoa, mesmo que acostumada a outras modalidades de licitação, que tem chances de sair vitorioso de um pregão. Até mesmo o pregoeiro necessita de qualificação técnica específica.

Para uma empresa sair vitoriosa de uma concorrência, é importante, após totalmente habilitada, caprichar na elaboração do preço, para que ele seja o menor possível, e torcer para que o concorrente tenha estabelecido um valor um pouco maior. No pregão, é diferente: não estão presentes os quesitos sorte e sensibilidade em relação ao preço. O autor da menor proposta inicial nem sempre ganha no pregão. Para ganhar, a empresa precisa ter um conhecimento claro do limite mínimo do preço a que quer chegar e estabelecer as melhores técnicas para fugir do contra-ataque dos concorrentes. Conhecer claramente os horários e as estratégias para o lance pode ser a principal arma, já que nem sempre compensa começar o pregão com o lance mínimo, ou seja, que a primeira proposta seja o preço-limite. É importante ir sentindo até onde o concorrente quer chegar. Se for muito acima do seu limite, você poderá ganhar a licitação com uma margem maior que a mínima aceitável para fechar a licitação.

---

pregoeiro

O pregoeiro pode e deve incentivar a baixa do preço. Ele tem a obrigação de orientar os concorrentes nas propostas, para evitar confusão: quem está oferecendo quanto pelo quê. Ele também deve alertar os participantes sobre os prazos possíveis para os lances durante o pregão.

FIQUE POR DENTRO

- Há diversos cursos de treinamento para pregões. Em geral, são ministrados por empresas que treinam funcionários de outras empresas para participar de licitações. Em outubro de 2003, o custo de um treinamento variava de R$ 300,00 a R$ 800,00.

QUEM É QUEM NO PREGÃO

Quem é	O que faz
Autoridade superior	Determina a abertura do pregão, convoca e designa o pregoeiro e a equipe de apoio, homologa o pregão e assina o contrato com o vencedor.
Pregoeiro	Credencia os interessados, recebe envelopes com propostas, analisa a documentação, classifica as ofertas, conduz a fase de lances, adjudica a melhor proposta, indicando o vencedor para a autoridade superior, e elabora a ata da licitação, além de processar todos os recursos do pregão.
Equipe de apoio	Não há definição legal de suas competências, mas a equipe serve o pregoeiro, prestando-lhe suporte e auxílio.
Representante do licitante	É quem responde pela empresa na licitação. Tem autonomia para fazer os lances em nome da empresa e deve ser indicado na documentação oficial.

Fonte: Iezzi, Medeiros, Zynger & Advogados Associados

O que pode ser licitado por pregão?

O pregão é considerado um avanço, mas ainda há algumas restrições à sua abrangência

O pregão é destinado apenas a produtos e serviços comuns, ou seja, que são facilmente identificados – os chamados bens e serviços de prateleira. São bens que existem comumente no mercado ou serviços padrão, cuja descrição presente no edital não deixe dúvidas sobre o que está em jogo.

Embora o decreto que regulamentou o pregão tenha trazido uma lista dos bens e serviços comuns, ela é meramente exemplificativa, ou seja, não esgota todas as possibilidades. Somente no Estado de São Paulo, por exemplo, mais de 110 mil itens são comprados diretamente por pregão eletrônico. Isso só é possível devido ao detalhamento e à padronização existentes para esses produtos e serviços.

Como se trata apenas de bens e serviços comuns, não pode haver muitas complicações no procedimento do pregão. Dessa forma, a seleção é feita por apenas um critério: o preço.

Não pode haver – no pregão presencial ou eletrônico – critérios que utilizem preço e técnica ou apenas técnica para a seleção dos vencedores.
Exemplos do que não pode ser licitado por pregão: contratação de obras e serviços de engenharia, locações imobiliárias, desenvolvimento de sistemas de informática etc.

O PREGÃO

A MAIS NOVA MODALIDADE DE LICITAÇÃO É A QUE MAIS CRESCE NOS ÓRGÃOS PÚBLICOS

Como funciona o pregão?

Conheça as fases dessa nova modalidade de licitação

O pregão tem duas fases distintas: a fase preparatória e a sessão pública. A fase preparatória compreende o período em que a administração se organiza internamente para iniciar a licitação, com a elaboração de um parecer jurídico, dotação orçamentária e escolha do pregoeiro. A sessão pública é a parte externa, que vai desde a publicação do edital até a assinatura do contrato entre a empresa vencedora e a administração pública.

O pregão inverte a licitação: define-se primeiro a melhor proposta para depois cuidar de toda a parte burocrática da licitação. Dessa forma, é mais fácil e rápido participar. Outra característica que o pregão absorveu foi o uso de cadastros prévios, que diminuem a burocracia.

Na fase de propostas, o pregoeiro determina um tempo para que todos os concorrentes, independentemente do valor da proposta inicial, façam lances. É importante entender o edital para saber se os lances devem ser feitos para todo o objeto do pregão ou apenas para grupos de produtos ou serviços.

AS FASES DO PREGÃO

Divulgação do edital

Convocação dos interessados

Apresentação de propostas e lances de ofertas dos concorrentes

Análise e julgamento dos recursos administrativos

Habilitação do vencedor

Homologação da licitação

Adjudicação do pregão

Assinatura do contrato, que encerra o procedimento

Fonte: Iezzi, Medeiros, Zynger & Advogados Associados

O que é pregão eletrônico?

A versão eletrônica dessa nova modalidade aumentou ainda mais a transparência, a simplicidade e a economia da licitação

O pregão eletrônico é a evolução do pregão presencial. Além de manter todos os benefícios do pregão presencial, o pregão eletrônico acentua algumas características, como a transparência, a simplicidade e a velocidade.

Qualquer pessoa ou empresa, de qualquer lugar do mundo, pode participar do pregão eletrônico. O cadastro é simples e rápido. Como em geral utiliza o sistema de pré-cadastramento, o pregão eletrônico permite que em uma compra pública pequena haja diversos licitantes. Ao contrário do que pode parecer, o pregão eletrônico é extremamente rápido e seguro. Tudo o que é negociado, conversado ou proposto durante o pregão eletrônico pode ser acompanhado de forma imediata ou posteriormente, já que todos os passos ficam registrados para consultas. Qualquer cidadão pode acompanhar *on line* o andamento de um pregão. Outra novidade é que a conversa entre os licitantes e o pregoeiro é ágil e sem formalidades. Na prática, tudo funciona como um *chat* da internet. Até mesmo essas conversas são gravadas eletronicamente. Todas essas facilidades só foram possíveis com o avanço tecnológico. Os principais sistemas, como o do governo federal e do Estado de São Paulo, possuem tecnologia e segurança semelhantes às de um *home banking*. Há senhas e módulos (telas) diferentes para o pregoeiro, para os licitantes e para os visitantes, que apenas acompanham todo o processo.

O PREGÃO
A MAIS NOVA MODALIDADE DE LICITAÇÃO É A QUE MAIS CRESCE NOS ÓRGÃOS PÚBLICOS

Como funciona o pregão eletrônico?

A principal diferença em relação ao pregão presencial é que tudo é feito à distância

As pessoas e as empresas acostumadas a transacionar pela internet não terão problemas para atuar no pregão eletrônico. Os órgãos públicos que realizam compras eletrônicas possuem páginas muito semelhantes a *sites* de banco, em geral dotadas de um poderoso e ágil sistema de informações, o que faz com que dificilmente o usuário se perca. Após localizar a licitação de seu interesse, o usuário deve, para começar a atuar com o pregão eletrônico, se cadastrar. Nesse momento, em geral é preciso apresentar seu número no pré-cadastramento realizado junto ao órgão público licitante ou aos sistemas unificados. O acesso é simples e normalmente realizado com senhas.

Após essa fase, o usuário poderá cadastrar sua proposta inicial. Quando o pregão estiver aberto, geralmente ele é informado e já pode começar a fazer seus lances e participar do pregão por meio das conversas que a página permite.

Na tela do pregão costuma haver informações básicas do que está sendo licitado, números de identificação dos participantes, propostas, espaço para conversas e *links* para o edital do pregão e para o formulário de proposta de recursos.

Após a escolha do vencedor, a página ainda fornecerá todo o histórico do pregão, incluindo a ata com todas as informações, como os resultados de possíveis recursos e dados sobre a contratação da empresa vencedora.

O PREGÃO ELETRÔNICO NA PRÁTICA

ONDE ACHAR INFORMAÇÕES

O *link* **Serviços** do *site* contém as principais informações sobre a página do Comprasnet e destina-se tanto a usuários quanto a fornecedores e demais interessados.

A sessão **Acesso** traz todas as informações pertinentes aos pregões presenciais e eletrônicos. Dá acesso aos editais, lances e licitações em andamento.

Publicações contém um manual de participação nos pregões eletrônicos e informações gerais sobre o pregão, além de leis e projetos de lei sobre o assunto.

O *link* **Legislação** contém leis, portarias, decretos e normas que regulam o pregão.

O **SIASG**, Sistema Integrado de Administração de Serviços Gerais, apresenta dados sobre o uso do dinheiro público e das compras da União.

Placar apresenta a quantidade de licitações abertas no momento.

O espaço **Notícias** traz as últimas informações sobre pregões.

COMO SABER QUAIS SÃO OS PREGÕES EM ANDAMENTO?

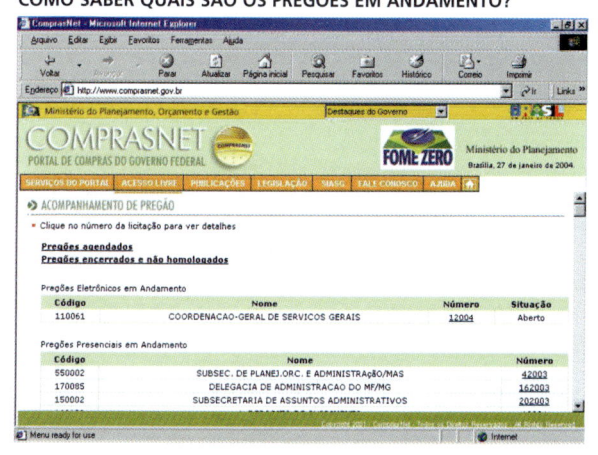

O **Acompanhamento de pregão** traz uma lista de todos os pregões encerrados, agendados e em andamento, eletrônicos ou presenciais. Cada pregão listado apresenta um *link*, no item "Número", que remete o usuário aos detalhes do objeto do pregão e traz também as propostas já realizadas.

O PREGÃO

Estado de São Paulo:
110 mil itens comprados pelo pregão eletrônico

O governo do Estado de São Paulo é uma organização gigante que arrecada e compra muito. Os números do Estado mais rico do país impressionam: são 32 secretarias e tribunais, 16 empresas estatais, 40 autarquias e fundações, mais de 1.000 unidades gestoras de orçamento – ou seja, órgãos com a capacidade de comprar e licitar de forma independente –, 6.100 escolas urbanas e 7 milhões de alunos.
A estrutura estatal compreende ainda uma frota própria de 27 mil veículos, 1 milhão de funcionários, 1 milhão de contribuintes do Imposto sobre Circulação de Mercadorias e Serviços (ICMS), 9 milhões de contribuintes de IPVA e 108 mil presos. Para adquirir bens e serviços para movimentar toda essa máquina, em 2002, o Estado precisou dividir com 48.500 fornecedores um orçamento gasto em aquisições de nada menos que R$ 5,5 bilhões, sem contar as obras do governo – como o Rodoanel – e os gastos das empresas públicas.

Bolsa eletrônica

Mas como esse gigante espera movimentar sua economia, prestar seus serviços e cumprir suas funções na sociedade? Através da Bolsa Eletrônica de Compras (BEC). O sistema já está em operação desde 2000 e representa um dos maiores avanços administrativos do Estado nos últimos anos, na avaliação de especialistas e políticos.
O sistema garante não apenas uma democratização jamais conquistada no acesso às compras públicas, como permite transparência total do gasto do dinheiro público e, o que é melhor para os contribuintes, economia. Somente no primeiro quadrimestre de 2003, a economia obtida pelo Estado com o BEC foi de 27% do valor orçado. Isso significa, em termos práticos, que São Paulo conseguiu comprar seus produtos e serviços por quase 30% menos do que havia orçado. Até abril, isso representou uma economia de R$ 6,3 milhões, ou 350 automóveis populares.
Esses números, entretanto, tendem a aumentar. Em 2003, importantes órgãos estaduais começaram a utilizar o BEC, como todo o Judiciário paulista e a Polícia Militar de São Paulo. Isso faz com que mais

fornecedores estejam interessados em vender ao Estado: em 2000, 22 mil empresas se cadastraram como fornecedoras no BEC. Em abril de 2003, 48 mil. Atualmente nada menos do que 110 mil itens diferentes são licitados pela bolsa. Isso significa 110 mil produtos comprados, que vão de giz de escola a remédios, de pneus a alimentos. E, por incrível que pareça, o Estado tem, em média, dois novos pedidos de produtos por dia.

Aquisições mais baratas

Qual a explicação para esse sucesso? As empresas, principalmente as de menor tamanho, começaram a perceber que vender para o Estado não era tão difícil, o que aumentou a concorrência e, por conseqüência, diminuiu os valores pagos nas compras estatais. A internet favorece o conhecimento de todos os procedimentos licitatórios, garantindo maiores oportunidades aos empresários. Por outro lado, o governo também fez sua parte e conseguiu baratear seus custos na aquisição de produtos ou serviços graças a algo muito comum e entendido em todo o mercado: deixou de ser um grande caloteiro. Como os mais de mil agentes do orçamento tinham sistemáticas próprias para o pagamento de seus contratos, eram muito comuns os atrasos. Como as empresas que participavam das licitações tinham que realizar suas propostas de valores levando em conta esse alto risco de inadimplemento, embutiam o custo para um eventual empréstimo que precisariam tomar se o Estado não pagasse em dia. Isso onerava os contratos. Com o BEC, o governo do Estado, antes de iniciar o processo licitatório, transfere os valores correspondente ao contrato que pretende assinar para a Nossa Caixa, em um sistema que o impede de mexer nesse dinheiro e utilizá-lo para outros fins. Dessa forma, a empresa tem garantia total de que seu pagamento vai sair na data programada. Isso elimina o risco de calote e, conseqüentemente, a necessidade de a empresa elevar o preço na expectativa da contratação de empréstimos bancários para garantir o fornecimento do produto ou do serviço ao Estado enquanto ele lhe deve. Além disso, evita que a empresa prejudique suas outras áreas de atuação. A solução adotada pelo Estado de São Paulo encontra similares em um número cada vez maior de órgãos públicos, Estados e municípios. Afinal, não é todo dia que se consegue economizar 30% sem muito esforço.

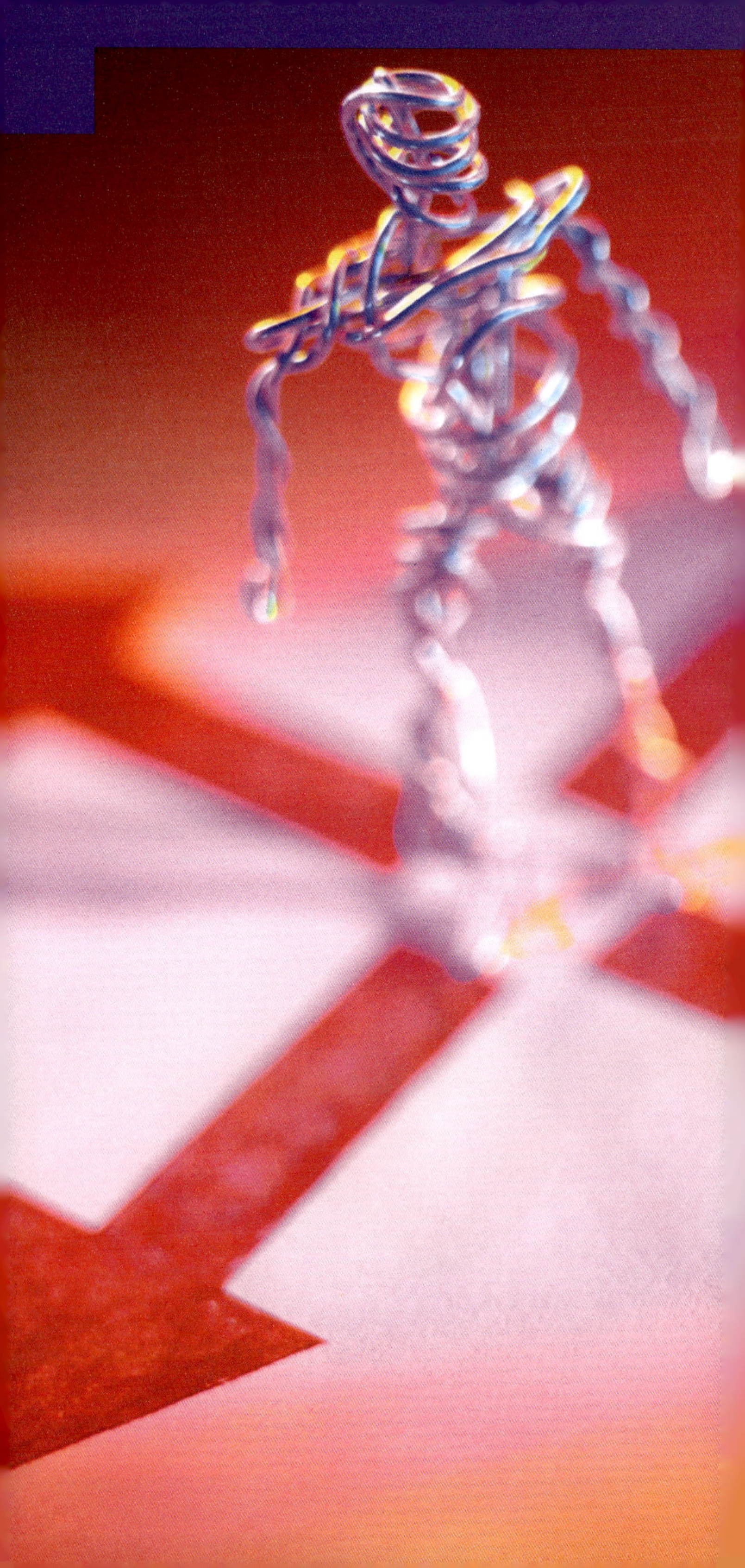

GANHEI, E AGORA?

A PARTIR DA ASSINATURA DO CONTRATO SURGEM NOVAS QUESTÕES QUE EXIGEM CUIDADOS

Nas licitações realizadas pelos órgãos públicos, o contrato e sua gestão seguem regras próprias, como no processo de escolha de um fornecedor

GANHEI, E AGORA?

A PARTIR DA ASSINATURA DO CONTRATO SURGEM NOVAS QUESTÕES QUE EXIGEM CUIDADOS

Quando assino o contrato?

Você ganhou a licitação, mas saiba que o relacionamento com o poder público exige cuidados especiais

Se a empresa, por algum motivo, desistir do negócio e resolver não assinar o contrato, o órgão público vai considerar que ocorreu a inexecução total do contrato e aplicará multa, que costuma ser equivalente a 20% do valor total do contrato, além da possibilidade de suspensão por dois anos, período no qual a empresa não poderá se relacionar com o órgão contratante.

publicada
Especialistas aconselham que a empresa vencedora da licitação acompanhe os diários oficiais durante alguns dias após a assinatura do contrato e guarde a cópia do jornal com o contrato publicado. Ele é a base legal para qualquer discussão. Mas, se a empresa perder a cópia do jornal, basta ir ao órgão para obter uma cópia do processo licitatório.

Após passar pela maratona da obtenção de documentos e da elaboração de propostas de preço e vencer a licitação, chega a fase mais esperada de todo o processo: a assinatura do contrato. As características especiais das licitações, entretanto, continuam: a partir desse momento a empresa vencedora da licitação deve tomar cuidados especiais.
O prazo para a efetivação do contrato deve estar previsto no edital da licitação e, em geral, ocorre de dez a quinze dias após a homologação e a adjudicação do objeto ao vencedor.
O contrato, entretanto, só terá eficácia após ter sua ementa publicada no *Diário Oficial* – da União, dos Estados ou dos municípios, dependendo do órgão licitante.
O contrato deve estar de acordo com a minuta, ou seja, conter tudo o que foi acertado pela administração pública durante a licitação. Ele pode ser visto antes mesmo de a empresa sair vencedora do processo, já que no próprio edital há um anexo com a minuta do contrato a ser assinado com o órgão público. Da mesma forma, o edital da licitação se transforma automaticamente em anexo do contrato.

FIQUE POR DENTRO

- *Se no edital não estiver previsto o prazo para a assinatura do contrato após a homologação e a adjudicação da licitação, peça um esclarecimento à comissão de licitação antes da sessão de abertura dos envelopes.*

Quais os documentos necessários para a assinatura?

A assinatura do contrato do órgão público com a empresa privada é algo simples e rápido e exige poucos documentos

Ao contrário do que acontece na fase de habilitação, a fase de assinatura do contrato exige a apresentação de poucos documentos. A empresa vencedora da licitação precisa apresentar apenas a certidão negativa de débitos do Instituto Nacional do Seguro Social (INSS) e a Certidão de Regularidade Fiscal (CRF) do Fundo de Garantia do Tempo de Serviço (FGTS), obtido junto à Caixa Econômica Federal. Portanto, qualquer outra exigência precisa estar prevista no edital.
Normalmente, as empresas vencedoras de licitação não precisam se preocupar com esses documentos. Como eles são obtidos com facilidade pela internet, a maioria dos órgãos públicos faz a consulta diretamente e não pede esses dados para a empresa. A Constituição Federal, que regulamenta o FGTS, determina que nenhum órgão público contrate empresas com problemas com a seguridade social ou com o fundo de garantia do trabalhador.

internet
Os endereços para a obtenção desses documentos são www.inss.gov.br e www.cef.gov.br.

GANHEI, E AGORA?

A PARTIR DA ASSINATURA DO CONTRATO SURGEM
NOVAS QUESTÕES QUE EXIGEM CUIDADOS

Quem é o gestor do contrato?

O responsável pelo contrato entre a empresa e o órgão público não é o diretor ou presidente máximo da instituição

O contrato é celebrado entre a empresa e um órgão público, mas o presidente desse órgão, mesmo sendo, em última instância, o responsável pelo contrato, não é necessariamente quem gerencia o negócio firmado com a empresa. Todo contrato público tem um gestor, que é o responsável pelo relacionamento com a empresa contratada.
Todos os contatos, pedidos de informações necessárias, notificações relativas ao contrato, portanto, devem ser feitos junto ao gestor. E, para uma segurança ainda maior, sempre por escrito. Mesmo em casos em que o responsável pelo órgão público precise se manifestar, o acesso deve ser realizado por intermédio do gestor.
O gestor deve sempre ser uma pessoa com qualificação técnica necessária para acompanhar o contrato e relativa importância administrativa dentro do órgão público. Em geral, ele chefia um setor diretamente relacionado à contratação daquela empresa. Há órgãos públicos que oferecem treinamento para seus gestores, principalmente para deixá-los mais preparados para os problemas que surgem no dia-a-dia. Não há limitação de quantidade de contratos que um funcionário de um órgão público pode gerenciar.
Para aumentar a segurança da empresa, é importante que toda comunicação com o gestor seja feita por escrito. Essa providência pode ser muito importante para que a empresa possa recorrer de uma possível multa, e deve ser tomada mesmo nos casos em que o relacionamento entre empresa e gestor ou órgão publico seja ameno.

OBRIGAÇÕES DO GESTOR DO CONTRATO

O gestor deve conhecer suas atribuições e limites de atuação.

O gestor deve encaminhar casos que ultrapassem sua competência a seus superiores.

Quando não souber como agir, o gestor deve buscar auxílio e nunca proceder por vontade própria.

O gestor deve sempre atuar em tempo hábil, pois sua atuação não pode ser responsável por problemas na execução do contrato. Sua função é a exatamente oposta: dar boa resolução aos contratos.

Fonte: Maria Luiza Machado Granziera, advogada e assessora jurídica da Fundap

Quais as competências do gestor do contrato?

Há limites à atuação dos gestores, que devem sempre encaminhar possíveis problemas a seus superiores

O gestor precisa ter em mente que administra o contrato dentro de determinados limites. Formalmente, pode identificar a necessidade de uma alteração contratual, por exemplo, mas não pode dar um parecer jurídico ou assinar qualquer aditivo. Deve apenas justificar a necessidade do aditivo contratual e encaminhar o problema a seus superiores.

O gestor também não pode, por exemplo, proceder sozinho caso ocorra um problema de medição na entrega de um produto, a não ser que seja tecnicamente qualificado para tanto.

É dever do gestor buscar a ajuda de um superior dentro do órgão público quando se tratar de prorrogação ou aviso do término do contrato, o que fará em tempo hábil, para que se realize nova licitação. Além disso, cabe-lhe encaminhar todos os documentos, como a fatura de pagamento, em tempo hábil para os demais setores do órgão público e avisar a área financeira caso perceba a falta de pagamento de tributos por parte da empresa contratada.

É muito importante que o gestor tenha amplo conhecimento do edital e do próprio contrato.

GANHEI, E AGORA?

A PARTIR DA ASSINATURA DO CONTRATO SURGEM NOVAS QUESTÕES QUE EXIGEM CUIDADOS

Quando começo o fornecimento?

O início da entrega dos bens ou da realização dos serviços também está previsto no contrato

Após a assinatura do contrato, o gestor do contrato deve, para iniciar sua execução, emitir um documento chamado ordem de serviço. Nessa hora, a empresa recebe do órgão público também os elementos necessários para a conclusão do contrato, como os documentos de uma consultoria, o acesso ao local para a realização da obra ou do serviço – como nos casos de serviços de limpeza, vigilância etc.

A forma de entrega do material ou do serviço também é estabelecida no contrato de acordo com o previsto no edital. Toda licitação deve ter um cronograma de entrega bem definido.

Qualquer atraso sem justificativa pode significar multa para a empresa. Dessa forma, é importante a empresa atentar para esses prazos quando vencer a licitação, pois às vezes será necessário fazer adequações de estoques e de entregas de fornecedores para garantir o cumprimento do contrato.

De qualquer forma, caso não seja possível realizar a entrega no dia previsto, é importante avisar o gestor do contrato, sempre por escrito e com um bom embasamento para o atraso. Isso pode evitar multas ou servir de base para um recurso, caso a multa seja realmente aplicada.

Como faço a entrega do produto ou serviço?

O controle de qualidade sobre o produto ou serviço fornecido requer alguns cuidados da empresa contratante

Na entrega de um produto ou serviço, o órgão público é obrigado a fiscalizar o que está sendo entregue. Nesse momento, a empresa contratada deve apresentar um relatório sobre o serviço ou bem fornecido. O gestor do contrato, então, deverá verificar se as especificações do produto ou serviço estão de acordo com o que foi descrito no edital como objeto da licitação. Após aceitar o produto ou o serviço, o gestor emite um atestado que autoriza o contratado a apresentar a fatura. É a partir dela que será realizado o pagamento, que, para a administração pública, funciona como a realização de uma despesa de valor previsto no orçamento do órgão.

A fatura deve especificar o valor aceito pela administração, ou seja, eventuais falhas, faltas ou problemas no fornecimento devem ser discutidos. Nesse caso, os valores pendentes não entram na fatura.

Após a elaboração da fatura, o órgão público efetua o pagamento. Esse pagamento é feito também de acordo com o edital, que certamente seguirá as normas do órgão público: em uma data determinada ou em um prazo fixo após a emissão da fatura.

GANHEI, E AGORA?
A PARTIR DA ASSINATURA DO CONTRATO SURGEM
NOVAS QUESTÕES QUE EXIGEM CUIDADOS

Posso aumentar o valor do contrato?

A lei permite que se busque o equilíbrio econômico do contrato, mas a empresa não pode repassar o risco do negócio para o órgão público

Toda e qualquer alteração do contrato fechado entre a empresa e o órgão público deve ser feita com muito cuidado. Isso porque a licitação foi realizada justamente para garantir transparência nas compras públicas, e todo o procedimento, caro e demorado, não pode servir para que tudo seja alterado após a escolha de uma empresa vencedora. Durante o contrato, entretanto, podem ocorrer fatos que exijam a alteração da relação entre contratado e contratante. Para essas situações, a própria Lei de Licitações previu todas as possibilidades de alteração contratual.

QUANDO O CONTRATO PODE SER ALTERADO

Por vontade do órgão público.

Quando houver alteração no objeto licitado, desde que para melhoria técnica.

Para alteração dos valores contratados, dentro do limite da lei: até 25% do valor em caso de acréscimos ou supressões, ou até 50% para os acréscimos, no caso de reformas. No caso de supressão de obras, os valores podem ser cobrados pela empresa se ela comprovar que já realizou investimentos ou gastos para a execução.

Por vontade de ambos.

Quando for conveniente a substituição da garantia da execução do contrato.

Quando for comprovada inviabilidade técnica, nos termos do contrato, da obra ou serviço.

Quando for necessária a alteração da forma de pagamento por circunstâncias imprevisíveis, mantendo-se o valor original. Nunca poderá ocorrer, entretanto, a antecipação do pagamento.

Para restabelecer o equilíbrio econômico e financeiro do contrato, ou seja, caso sejam criados novos tributos – fato do príncipe – ou por fatos imprevisíveis ou incalculáveis, como uma guerra, uma grave alteração na política econômica do governo etc.

Fonte: Iezzi, Medeiros, Zynger & Advogados Associados

O que é aditamento do contrato?

A lei prevê algumas alterações que podem modificar características importantes do contrato

Qualquer alteração possível de ser realizada no contrato fechado entre o órgão público e a empresa exige um aditamento contratual, que deverá sempre ser analisado pelo Tribunal de Contas responsável pela análise das finanças do órgão contratante. Pode haver, no entanto, variação do valor contratado para reajuste de preços previsto no próprio contrato. A lei permite ainda atualizações, compensações, penalidades e o empenho de dotações orçamentárias suplementares dos contratantes para essas alterações, até o limite do valor corrigido do contrato, sem que isso exija um aditamento contratual. Essas alterações, entretanto, são raríssimas, e normalmente estão previstas em contratos de maior duração, como aqueles fechados para a realização de obras. De forma geral, a lei determina limites claros para as alterações de valores e medidas durante a execução do contrato: 25% tanto para redução como para acréscimo do estabelecido no contrato, e 50% de acréscimos, no caso exclusivo de reforma de edifício ou equipamento, desde que mantido o mesmo valor unitário do produto ou serviço e sempre com uma equivalência de produtos ou serviços por parte da empresa.

GANHEI, E AGORA?

A PARTIR DA ASSINATURA DO CONTRATO SURGEM NOVAS QUESTÕES QUE EXIGEM CUIDADOS

É possível prorrogar o contrato?

Somente no caso de serviços públicos, sendo que nos demais a duração é de um ano

Somente no caso de prestação de serviço contínuo é possível prorrogar o contrato além do exercício financeiro. No fornecimento de produtos ou na realização de obras, isso não é permitido.

Entretanto, mesmo quando possível, a prorrogação deve respeitar as condições originais da licitação: com exceção do reajuste natural do preço do serviço, nada poderá ser alterado.

Nas licitações para serviços contínuos essa prática é usual. Como as licitações têm validade de um ano, são renovadas mais quatro vezes. Ao término do quinto ano, entretanto, o órgão público será obrigado a realizar uma nova licitação.

Para alteração das condições de um contrato prorrogado, deverão ser respeitadas todas as normas do artigo n° 65 da Lei de Licitações, ou seja, as regras para aditamento do contrato permanecem.

Além disso, a própria prorrogação é considerada um aditamento e deve ser feita dessa forma. O órgão público não pode apenas manter o contrato vigorando, sem nenhum registro material, embora isso ainda ocorra, seja por desconhecimento da norma legal, seja por interesses ilegais. Como todos os contratos são públicos, a administração precisa prestar o maior número possível de informações, para permitir que o princípio da publicidade seja respeitado em todas as compras públicas.

Os prazos do contrato podem ser prorrogados?

A Lei de Licitações estabelece as condições para a prorrogação dos contratos

Toda a prorrogação de prazo deverá ser justificada por escrito e previamente autorizada pela autoridade competente para celebrar o contrato. É vedado o contrato com prazo de vigência indeterminado. Os prazos de início de etapas de execução, de conclusão e de entrega admitem prorrogação, mantidas as demais cláusulas do contrato e assegurada a manutenção de seu equilíbrio econômico-financeiro, desde que ocorra um dos motivos previstos na Lei de Licitações.

POSSIBILIDADES DE PRORROGAÇÃO E ALTERAÇÃO DE PRAZOS

Alteração do projeto ou de especificações pela administração pública

Superveniência de fato excepcional ou imprevisível, estranho à vontade das partes, que altere fundamentalmente as condições de execução do contrato

Interrupção da execução do contrato ou diminuição do ritmo de trabalho por ordem e no interesse da administração pública

Aumento das quantidades inicialmente previstas no contrato, nos limites permitidos pela lei

Impedimento de execução do contrato por fato ou ato de terceiro reconhecido pela administração em documento contemporâneo à sua ocorrência

Missão ou atraso de providências a cargo da administração, inclusive quanto aos pagamentos previstos, de que resulte, diretamente, impedimento ou retardamento na execução do contrato, sem prejuízo das sanções legais aplicáveis aos responsáveis

GANHEI, E AGORA?

A PARTIR DA ASSINATURA DO CONTRATO SURGEM NOVAS QUESTÕES QUE EXIGEM CUIDADOS

É possível rescindir o contrato?

A legislação prevê dezoito possibilidades para a rescisão do contrato entre o órgão público e a empresa

A empresa não pode nunca tomar a iniciativa de rescisão contratual sem a anuência do órgão público, ao menos de forma administrativa. Para rescindir um contrato sem a participação ou a permissão do órgão público o contratado precisará recorrer ao Poder Judiciário.

Qualquer rescisão necessita de um procedimento formal, escrito e fundamentado pela autoridade competente, e não apenas pelo gestor do contrato. É necessário inclusive que a empresa contratada tenha direito à ampla defesa, já que a rescisão não pode ser discricionária, ou seja, não pode ser fruto de uma perseguição ou de motivos sem fundamento legal.

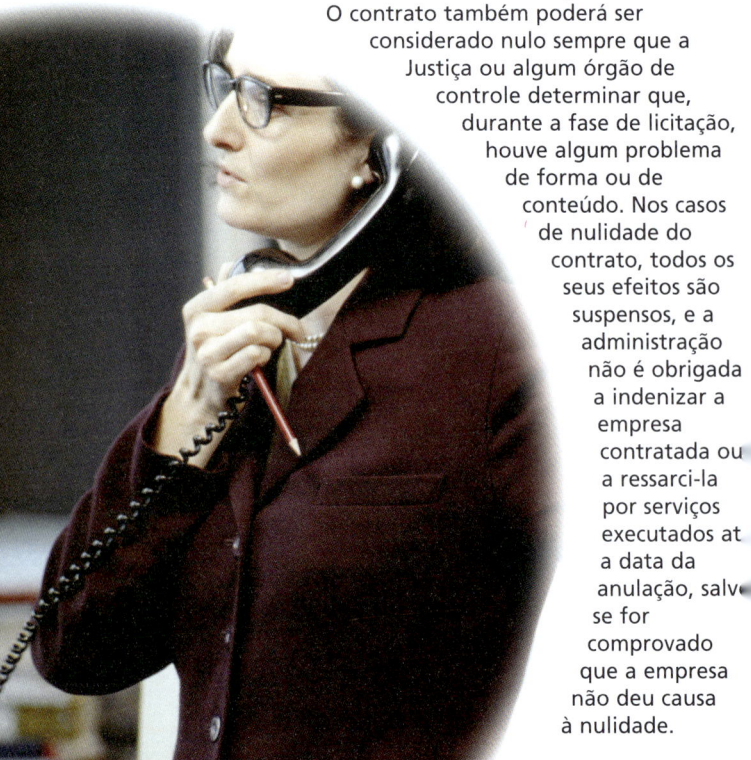

O contrato também poderá ser considerado nulo sempre que a Justiça ou algum órgão de controle determinar que, durante a fase de licitação, houve algum problema de forma ou de conteúdo. Nos casos de nulidade do contrato, todos os seus efeitos são suspensos, e a administração não é obrigada a indenizar a empresa contratada ou a ressarci-la por serviços executados até a data da anulação, salvo se for comprovado que a empresa não deu causa à nulidade.

MOTIVOS PARA A RESCISÃO DE UM CONTRATO

Não-cumprimento de cláusulas contratuais, especificações, projetos ou prazos

Cumprimento irregular de cláusulas contratuais, especificações, projetos e prazos

Lentidão no seu cumprimento, levando a administração a comprovar a impossibilidade da conclusão da obra, do serviço ou do fornecimento nos prazos estipulados

Atraso injustificado no início da obra, serviço ou fornecimento

Paralisação da obra, do serviço ou do fornecimento, sem justa causa e prévia comunicação à administração

Subcontratação total ou parcial do seu objeto, associação do contratado com outrem, cessão ou transferência total ou parcial, bem como fusão, cisão ou incorporação não admitidas no edital e no contrato

Desatendimento das determinações regulares da autoridade designada para acompanhar e fiscalizar sua execução

Cometimento reiterado de faltas na sua execução, anotadas corretamente pelo órgão público

Decretação ou instauração de insolvência civil

Dissolução da sociedade ou falecimento do contratado

Alteração social ou modificação da finalidade ou da estrutura da empresa, que prejudiquem a execução do contrato

Razões de interesse público, de alta relevância e amplo conhecimento, justificadas e determinadas pela máxima autoridade da esfera administrativa a que está subordinado o contratante e exaradas no processo administrativo a que se refere o contrato

Supressão, por parte da administração, de obras, serviços ou compras, que acarrete modificação do valor inicial do contrato além do limite permitido pela lei (25% a menos ou 50% a mais)

Suspensão de sua execução, por ordem escrita da administração, por prazo superior a 120 dias, salvo em caso de calamidade pública, grave perturbação da ordem interna ou guerra, ou ainda por repetidas suspensões que totalizem o mesmo prazo

Atraso superior a 90 dias dos pagamentos devidos pela administração em decorrência de obras, serviços ou fornecimento, ou parcelas destes, já recebidos ou executados, salvo em caso de calamidade pública, grave perturbação da ordem interna ou guerra, assegurado ao contratado o direito de optar pela suspensão do cumprimento de suas obrigações até que seja normalizada a situação

Não-liberação, por parte da administração, de área, local ou objeto para execução de obra, serviço ou fornecimento, nos prazos contratuais, bem como das fontes de materiais naturais especificadas no projeto

Ocorrência de caso fortuito ou de força maior, regularmente comprovada, impeditiva da execução do contrato

Contratação de menores de 18 anos para trabalho insalubre ou menores de 16, em quaisquer condições, exceto se aprendiz, liberados a partir dos 14 anos

GANHEI, E AGORA?

Quando posso flexibilizar o contrato sem enfrentar problemas?

A lei é clara e não permite desvios, mas há alguns pontos que podem dar ao vencedor de uma licitação maior margem para atuação. A Lei de Licitações prevê que a inexecução do contrato permite a aplicação de multas, sanções e penalidades que, além de afetar o bolso da empresa, podem até mesmo impedir que ela volte a vender ao governo por dois anos. O atraso ou a paralisação da obra, serviço ou fornecimento são os motivos mais comuns para tais punições e podem ensejar a rescisão do contrato.

Mas como descobrir quando há brechas? O advogado Edmundo Emerson de Medeiros, do escritório Iezzi, Medeiros, Zynger & Advogados Associados, ensina que os padrões rígidos necessários à administração não podem ser impostos de forma arbitrária. O contratado não poderá sofrer sanções que excedam as hipóteses da lei ou que não estejam previstas no contrato. A punição da empresa pela administração só pode ocorrer após um amplo direito de defesa, para que a empresa faltosa possa justificar a falta cometida ou simplesmente questionar a intensidade da sanção que lhe foi imposta.

Aviso antecipado

Evitar uma penalidade, no entanto, exige mais cuidados do que a simples apresentação de defesa após a instauração do incidente punitivo. Na hipótese mais comum de descumprimento de contrato, simples procedimentos podem salvar a empresa de dores de cabeça. Por exemplo: toda vez que uma empresa for atrasar um fornecimento ou a entrega de um produto ou serviço, deve informar a administração formalmente, ou seja, por escrito e com fundamentos. Isso pode evitar uma multa. Juntar laudos, fotos, notícias de jornal, tudo é válido para tentar justificar um problema que aconteceu com a empresa. O justo motivo para o descumprimento parcial de um contrato está relacionado a fato imprevisíveis ou previsíveis, porém de conseqüências incalculáveis, a eventos ligados à força maior (aquela que é superior às forças humanas), a casos fortuitos (provenientes de forças naturais) ou, ainda, ao chamado fato do príncipe, que se refere aos atos do poder público que produzem efeitos sobre o contrato. A modificação de uma determinação legal ou a criação de um novo imposto, por exemplo, seria um fato do príncipe.

O importador que venceu uma licitação e está impossibilitado de entregar um produto em razão, por exemplo, de greve dos funcionários da alfândega, deverá, além da comunicação prévia do atraso à administração, comprovar que adotou todas as medidas necessárias à importação e que ela não foi concluída por ocorrências que fogem ao seu controle. A greve, nesse caso, poderá ser comprovada por meio de notícias de jornais ou de comunicados emitidos pela própria autoridade responsável pelo desembaraço aduaneiro.

Equilíbrio dos contratos

O licitante também poderá alegar sempre o princípio jurídico do equilíbrio econômico-financeiro nas relações contratuais firmadas entre administração pública e iniciativa privada. Esse princípio deve ser invocado nas situações em que o rompimento do equilíbrio impossibilita o contratado de cumprir suas obrigações. Quando estiver impedida de cumprir o contrato, a empresa deve fazer uma notificação administrativa justificada, porque isso poderá protegê-la de multas ou sanções. Todas essas condições permitem que a empresa esteja dentro da lei – portanto, livre de multas e sanções – e, ao mesmo tempo, consiga uma flexibilidade que pode ser fundamental para a sua lucratividade. Como tudo o que ocorre nos contratos de licitação, entretanto, essa atuação exige cuidado e fundamentação, sempre com a preocupação de registrar todos os fatos por escrito.

Vale lembrar ainda que, para a aplicação de uma penalidade ou para a rescisão do contrato, se o contratado não foi formalmente notificado para apresentar defesa prévia, o ato do órgão público é nulo.

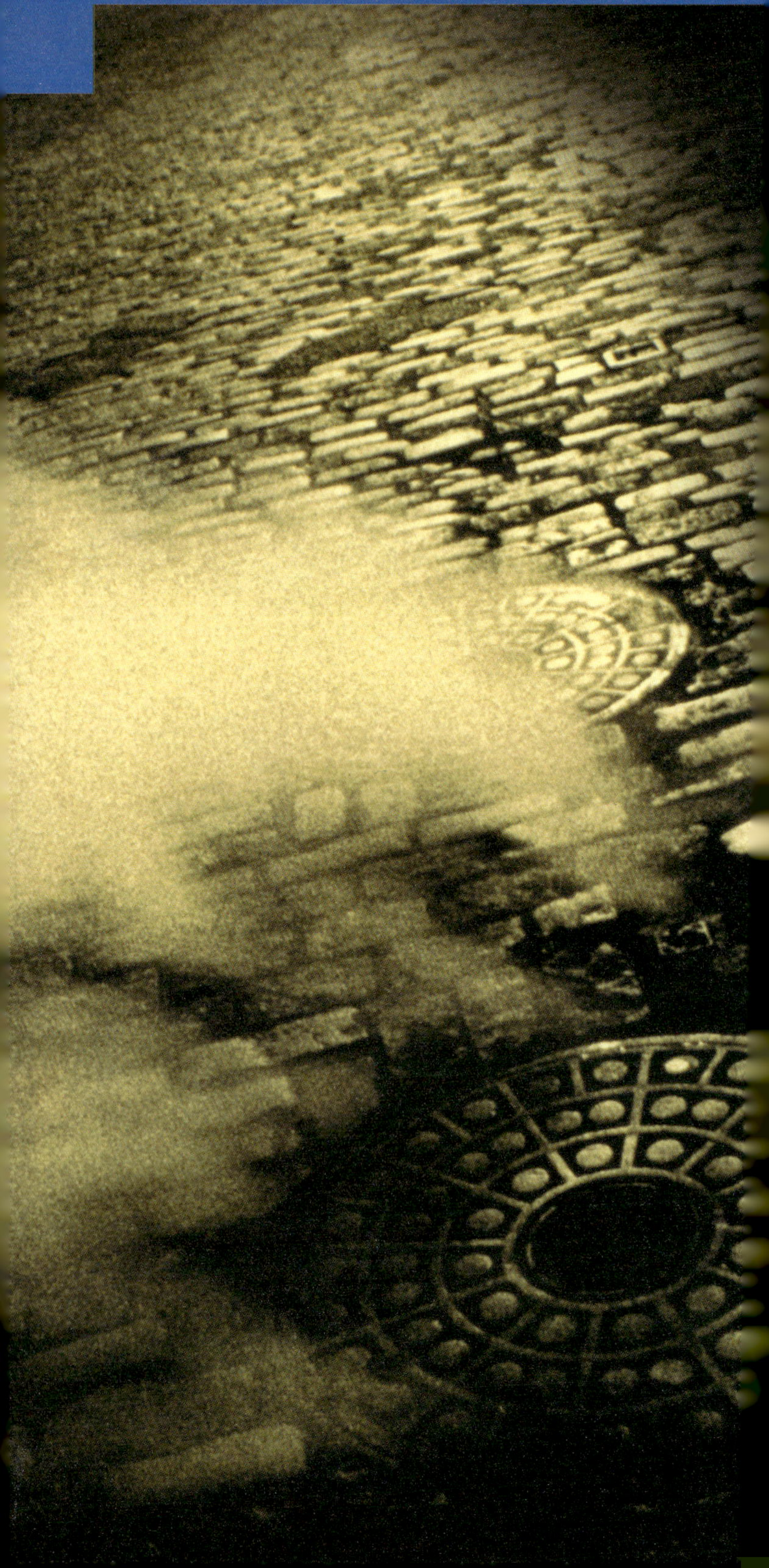

OS PROBLEMAS DAS LICITAÇÕES

É PRECISO SE PREVENIR PARA NÃO CAIR EM ARMADILHAS

A Lei de Licitações é rígida na punição às empresas que não agem dentro dos princípios de moralidade e probidade, e a fiscalização está mais severa

OS PROBLEMAS DAS LICITAÇÕES
É PRECISO SE PREVENIR PARA NÃO CAIR EM ARMADILHAS

Quando uma licitação apresenta problemas?

É preciso seguir as regras da Lei de Licitações para que o processo seja válido

É essencial que a empresa interessada em participar de uma licitação conheça bem o edital. Sem esse conhecimento, dificilmente ela poderá tirar proveito das suas vantagens para vencer o processo licitatório. Conhecer bem o edital significa maior chance de identificar problemas e exercer direitos.

São inúmeros os problemas que podem ocorrer em uma licitação. Desde a primeira fase da licitação – definição do objeto a ser licitado – até a homologação do processo, todas as etapas estão sujeitas a equívocos, seja por má-fé ou mesmo por falta de conhecimento técnico. Há problemas de todos os tipos: objetos da licitação mal definidos, editais omissos ou com excesso de detalhamento, o que direciona o processo a um determinado participante, e até acordos entre participantes habituais para a formação de preços, de modo que eles "dividam o bolo" das licitações de um determinado órgão, o que constitui fraude à licitação.

Os problemas mais comuns encontrados nas licitações, no entanto, dizem respeito aos editais. Mais do que má-fé, o que se vê é que muitos órgãos públicos não possuem equipes com preparo técnico suficiente para a realização de licitações, que muitas vezes são contestadas nas esferas administrativa e judicial e nos Tribunais de Contas. Assim, cometem equívocos por falta de conhecimento dos procedimentos de um processo licitatório.

*Os **Tribunais de Contas** são órgãos responsáveis pela fiscalização da aplicação do dinheiro público e podem interferir sempre que suspeitarem do mau gerenciamento de recursos pela administração pública. Nas licitações, participantes, empresas contratadas ou cidadãos podem fazer representações aos Tribunais de Contas acerca de irregularidades.*

O que é um pedido de esclarecimento?

Ele pode sanar as dúvidas dos participantes e auxiliar a administração pública

Um pedido de esclarecimento nada mais é do que o questionamento de uma empresa interessada em participar de uma licitação à comissão de licitação. O pedido de esclarecimento antecede praticamente todas as fases externas da licitação, uma vez que é feito logo após a publicação do edital. O objetivo é justamente esclarecer quaisquer dúvidas relativas ao edital, sejam elas sobre prazos, objeto da licitação ou detalhes do bem ou serviço a ser adquirido.

O pedido de esclarecimento nada mais é do que uma carta formal dirigida à comissão de licitação, da qual constam as dúvidas da empresa interessada em participar da licitação. Ele não representa contestação ou impugnação do edital, mas apenas uma tentativa de esclarecer pontos obscuros ou duvidosos, para que não haja problemas futuros.

O prazo para apresentação do pedido de esclarecimento deve constar do próprio edital. Mas é preciso ficar atento. Muitas vezes esse prazo se choca com o prazo para impugnação do edital. Assim, logo que surgir a dúvida, a empresa interessada em participar da licitação deve entrar com o pedido de esclarecimento, pois, quanto mais cedo fizer isso, mais tempo hábil haverá para uma resposta da comissão de licitação e uma eventual impugnação do edital, em caso de realmente existirem problemas em seus termos. Nesse caso, se a empresa interessada não obtiver resposta da comissão a tempo, não restará outra saída a não ser impugnar o edital.

Em outubro de 2003, o Ministério da Educação e Cultura mantinha aberta uma licitação, na modalidade pregão, para contratação de uma empresa especializada na prestação de serviços gráficos de escaneamento de fotos, fotolitagem, impressão, acabamento, manuseio, embalagem e expedição de produtos para a revista TV Escola. *No site do ministério, quatro empresas interessadas puderam obter respostas às dúvidas enviadas à pregoeira responsável. As dúvidas referiam-se à quantidade de fotos, forma de grampeamento das revistas e responsabilidade pelos custos de postagem das revistas.*

OS PROBLEMAS DAS LICITAÇÕES
É PRECISO SE PREVENIR PARA NÃO CAIR EM ARMADILHAS

O que significa impugnar um edital?

Qualquer vício do instrumento convocatório deve ser contestado pelas empresas

A impugnação do edital é a tentativa de corrigir falhas no edital da licitação que possam prejudicar os concorrentes ou a sociedade em geral. Trata-se de uma espécie de recurso administrativo em que os interessados apontam omissões e ilegalidades do edital à comissão de licitação, para que elas possam ser corrigidas. Os editais de licitações pela modalidade de concorrência podem ser impugnados pelos participantes até dois dias úteis antes da abertura dos envelopes de habilitação. Já os editais de licitações pelas modalidades de tomada de preços, convite, concurso e leilão podem ser impugnados até dois dias úteis antes da abertura das licitações. Fique atento a esses prazos. Transcorrido o tempo hábil para impugnação, ainda há a alternativa de recorrer à Justiça. Mas a jurisprudência sobre o assunto é a de que, se o interessado não pediu a impugnação do edital dentro do prazo estabelecido, é porque ele foi, a princípio, aceito como regra da licitação. Entretanto, se encontrarem ilegalidades, os Tribunais de Contas podem suspender qualquer licitação após a análise do edital. Não há prazo para que a administração responda aos pedidos de impugnação. A comissão de licitação pode responder durante o curso da licitação. Depois de iniciado o processo, pode acatar o pedido, devolver os envelopes ainda não abertos e marcar um novo prazo para início dos procedimentos.

> **FIQUE POR DENTRO**
>
> - *Qualquer cidadão pode impugnar um edital até cinco dias úteis antes da data de abertura dos envelopes. O pedido pode ser feito apenas com a exposição de motivos e seu fundamento. O prazo para a resposta da administração pública é de três dias úteis. Mesmo sendo negativa, ela deve conter a justificativa.*

Por que editais são impugnados?

A impugnação do edital pode garantir a participação de uma empresa na licitação

Muitas vezes os editais contêm vícios que podem impedir determinadas empresas de participar das licitações. A exigência de documentos que não estão previstos na Lei de Licitações, por exemplo, pode alijar muitas empresas do processo licitatório. Isso prejudica, além do próprio concorrente, também a administração pública, que, com menor número de participantes, tem menor chance de obter a proposta mais vantajosa. É por esse motivo que o direito de impugnar o edital está previsto na lei e deve ser exercido toda vez que um interessado se sentir prejudicado diante das condições impostas no edital.

VEJA ALGUNS PROBLEMAS ENCONTRADOS EM EDITAIS:

Objeto da licitação mal definido ou descrito

Omissão ou imprecisão nos termos

Excesso de exigências em relação à documentação

Exigência ilegal de documentação

Excesso de detalhes na descrição do objeto que direcione a licitação a um determinado concorrente

Regras não previstas na Lei de Licitações

OS PROBLEMAS DAS LICITAÇÕES
É PRECISO SE PREVENIR PARA NÃO CAIR EM ARMADILHAS

O que é um recurso administrativo?

É o meio de contestar um ato da administração em relação à aplicação da lei ou ao edital

Durante o curso de uma licitação, a administração pública pode cometer atos que contrariem a Lei de Licitações ou ainda os dispositivos do edital. Nesse caso, os participantes têm o direito de interpor um recurso administrativo para contestar as decisões da administração pública e tentar corrigir as falhas cometidas por ela.

Os recursos administrativos podem ser interpostos tanto na fase de habilitação quanto na fase de classificação das propostas. O recurso nada mais é do que um documento no qual se relata a decisão da comissão de licitação ou de registro cadastral que se acredita errônea. Esse documento deve ser entregue ao presidente da comissão de licitação.

Há três tipos de recursos administrativos: o recursos hierárquico, a representação e o pedido de reconsideração. Veja na tabela quando é possível utilizar cada um desses recursos.

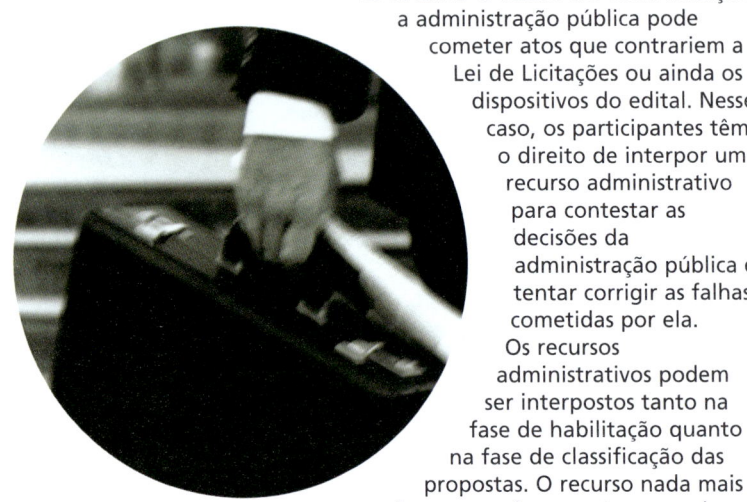

FIQUE POR DENTRO

- *Qualquer licitação pode ser anulada, total ou parcialmente, desde que a administração pública identifique ilegalidade no processo. Já a revogação de uma licitação é feita quando o objeto do procedimento perde o sentido, ou seja, quando a contratação de uma empresa para o fornecimento de um bem ou serviço já não é mais necessária.*

O QUE PODE SER CONTESTADO

ATRAVÉS DE RECURSO HIERÁRQUICO

Habilitação de um concorrente

Inabilitação da própria empresa

Indeferimento de um pedido de inscrição no registro cadastral

Cancelamento de um registro cadastral

Alteração de um registro cadastral

Julgamento das propostas

Anulação de uma licitação

Revogação de uma licitação

ATRAVÉS DE REPRESENTAÇÃO

Decisão relacionada ao objeto da licitação

ATRAVÉS DE PEDIDO DE RECONSIDERAÇÃO

Sanções aplicadas pela administração por inexecução total ou parcial do contrato

OS PROBLEMAS DAS LICITAÇÕES
É PRECISO SE PREVENIR PARA NÃO CAIR EM ARMADILHAS

Quais são os prazos para a apresentação de recurso?

A empresa tem cinco dias úteis para contestar a licitação pela via administrativa

Advogados especialistas em licitações lembram que a importância dos recursos administrativos é maior do se pode imaginar. Mesmo quando o pedido da empresa é negado e se opta por recorrer ao Judiciário, o recurso pode ser uma importante peça, seja para provar a boa vontade da empresa em resolver o problema, seja para balizar as discussões jurídicas que surgirão no processo.

O prazo para apresentação de um recurso administrativo é de cinco dias úteis a partir da ocorrência do fato que o provocou ou do registro na ata do processo, excluído o dia do início e incluído o do fim do prazo. Apresentado o recurso, a comissão de licitação ou de registro cadastral tem um prazo de mais cinco dias úteis para reconsiderar seu ato, período em que os demais concorrentes podem se manifestar também – somente no caso de licitação pela modalidade convite esse prazo é de dois dias úteis. Mas, para encurtar o prazo, a comissão de licitação pode perguntar aos participantes se eles renunciam ao direito de recurso. Em caso positivo, registra-se a renúncia em ata e a comissão pode dar prosseguimento ao processo licitatório.
A comissão pode também, nesse prazo, levar o recurso à autoridade superior, que terá um novo prazo de cinco dias úteis para tomar a decisão. A autoridade superior, no entanto, só poderá tomar decisão que não se refira ao julgamento da licitação, que é de responsabilidade exclusiva da comissão. A autoridade superior pode apenas confirmar a decisão da comissão ou anular o ato ou toda a licitação, se for o caso. Esses prazos valem para recursos hierárquicos ou representações. Já o pedido de reconsideração tem prazo de dez dias úteis a partir da intimação do ato.

> **FIQUE POR DENTRO**
>
> ■ *A interposição de recurso relacionado à habilitação ou ao julgamento das propostas suspende todo o processo até que a administração pública o avalie e defira ou não o pedido da empresa. Nos demais casos em que cabe recurso, a administração pública também pode suspender o processo, desde que por razões de interesse público.*

É possível contestar uma licitação na Justiça?

Avalie antes as vantagens e desvantagens de utilizar uma medida judicial

Embora os participantes possam fazer uso de recursos administrativos durante a realização de uma licitação, a lei prevê que qualquer ato da administração pública que não esteja de acordo com a lei pode ser contestado na Justiça. Assim, se um participante se sentir prejudicado durante o processo licitatório, pode recorrer à via judicial, mesmo sem ter esgotado os recursos administrativos disponíveis. Vários tipos de ações judiciais podem ser utilizados para contestar uma licitação na Justiça, sendo que o mais comum é o mandado de segurança. Mas, ao contrário do que ocorre no caso de recursos administrativos, para ações judiciais a empresa interessada necessitará de um advogado, o que representa um custo a mais. Além disso, o risco de contestar uma licitação judicialmente é a demora no julgamento. Muitas vezes, a empresa contesta uma licitação na Justiça, mas o julgamento só acontece após concluído o processo licitatório e contratado um dos participantes pela administração pública. E, em muitos casos, o juiz responsável pelo julgamento pode considerar mais lesiva ao poder público a suspensão do contrato já em andamento do que a garantia de um suposto direito de um dos concorrentes.

> *Mandado de segurança*
> é uma ação judicial utilizada para garantir um direito líquido e certo de um interessado, mesmo que este não seja participante da licitação. Em geral, vem acompanhado de um pedido de liminar – medida de urgência que pode ser concedida para suspender a licitação ou permitir a participação de uma empresa não habilitada.

> **FIQUE POR DENTRO**
>
> - *Embora as demandas judiciais não interfiram nos recursos administrativos, a Lei de Licitações proíbe o uso de um recurso administrativo que suspenda a licitação ao mesmo tempo em que a empresa participante se utiliza de um recurso na Justiça.*

Guia Valor Econômico de Licitações

OS PROBLEMAS DAS LICITAÇÕES
É PRECISO SE PREVENIR PARA NÃO CAIR EM ARMADILHAS

Como comprovar que há excesso de exigências?

Um edital só pode exigir o que estiver previsto na Lei de Licitações

A Lei de Licitações é clara ao estabelecer todos os documentos que podem e devem ser exigidos do participante de uma licitação para comprovar sua habilitação jurídica, sua qualificação técnica, sua qualificação econômico-financeira e sua regularidade fiscal perante a administração pública. Os documentos estão listados nos artigos 27 a 33 da lei. Ela também deixa clara a forma como esses documentos devem ser apresentados e os critérios de validade. Nada que fugir a essas regras pode ser exigido no edital, sob pena de impugnação. Assim, a empresa deve sempre ter conhecimento da lei para não ficar de fora de um processo licitatório por falta de informação.

Como se percebe que uma licitação está direcionada a um fornecedor?

Com algumas exceções, o uso de marca de um produto em um edital é proibido

O excesso de exigências de um edital em relação ao objeto da licitação pode significar que ele está direcionado a um determinado fornecedor existente no mercado. Há indícios que demonstram que isso pode estar ocorrendo, entre eles a existência da marca do bem ou serviço licitado no edital. A não ser em casos em que a administração pública está licitando peças de reposição ou equipamentos que necessitem de compatibilidade com outros equipamentos, usar a marca em um edital é proibido. Mesmo nos casos em que é possível utilizar a marca no edital, o órgão público precisa sempre justificar a escolha.

Quais são as sanções administrativas previstas na lei?

Uma empresa pode ser multada ou ficar impedida de participar de licitações por até dois anos

A Lei de Licitações prevê sanções administrativas para as empresas que, tendo vencido a licitação, não executarem total ou parcialmente o contrato com a administração pública. Essas sanções vão desde uma simples advertência, passando pela multa – que deverá estar prevista no contrato ou no próprio edital –, suspensão temporária de participação em licitações e impedimento de contratar com a administração pública por um prazo de até dois anos, até a declaração de inidoneidade da empresa para participar de licitações ou contratar com a administração pública até se extinguirem os motivos da punição. Neste último caso, a reabilitação da empresa pode ser feita após dois anos.

Mas não é só em casos de descumprimento do contrato que essas sanções podem ser aplicadas. A suspensão temporária e a declaração de inidoneidade podem também ser determinadas pela administração pública quando a empresa for condenada por fraude fiscal no recolhimento de qualquer tributo, quando tentar fraudar a licitação mediante combinação com outros concorrentes ou quando praticar outros atos ilícitos, desde que comprovados.

Em outubro de 2003, o Tribunal Regional Federal da 4ª Região estava com licitação na modalidade concorrência para o projeto da nova sede da Seção Judiciária de Santa Catarina. No contrato, anexo ao edital, o tribunal detalhava as sanções em caso de descumprimento. Se a empresa vencedora deixasse de assinar o contrato sem justificativa, poderia ser suspensa de licitar com o tribunal por dois anos, além de pagar multa de 20% do valor do projeto.

FIQUE POR DENTRO

- *A única sanção que pode ser cumulativa a outras previstas na Lei de Licitações é a multa. As demais sanções, como a suspensão temporária ou a declaração de inidoneidade da empresa, não poderão ser aplicadas concomitantemente.*

OS PROBLEMAS DAS LICITAÇÕES
É PRECISO SE PREVENIR PARA NÃO CAIR EM ARMADILHAS

Quais são os crimes cometidos em licitações?

Alguns atos são classificados como crimes e têm penas de detenção de até seis anos

Além das sanções administrativas, há penalidades previstas na lei para determinados atos, classificados como crimes. É importante lembrar que, mesmo que a lei estipule penas para crimes cometidos por funcionários da administração pública, o contratado que se beneficiou do ato considerado crime também é punido com a mesma pena, razão pela qual qualquer favorecimento deve ser rechaçado pelos licitantes e contratados de órgãos públicos. Veja na tabela da página oposta quais são os crimes previstos pela Lei de Licitações.

> **FIQUE POR DENTRO**
>
> - *O Ministério Público é o responsável pela denúncia de crime em licitação, já que ela envolve recursos públicos. Qualquer pessoa, no entanto, pode provocar a iniciativa do Ministério Público com informações sobre o fato e o seu autor.*

CRIMES PREVISTOS NA LEI DE LICITAÇÕES

Crime	Pena
Dispensar ou inexigir licitação sem previsão legal	Detenção de 3 a 5 anos e multa
Frustrar ou fraudar, mediante combinação, o caráter competitivo da licitação, mediante acordos ou combinações	Detenção de 2 a 4 anos e multa
Patrocinar interesse privado perante a administração para promover licitação ou celebrar contrato	Detenção de 6 meses a 2 anos e multa
Admitir, possibilitar ou provocar modificação ou vantagem em favor do contratado sem previsão legal	Detenção de 2 a 4 anos e multa
Impedir, perturbar ou fraudar licitação	Detenção de 6 meses a 2 anos e multa
Devassar o sigilo de propostas em licitações	Detenção de 2 a 3 anos e multa
Afastar ou tentar afastar licitante por meio de violência, ameaça, fraude ou oferecimento de vantagem	Detenção de 2 a 4 anos e multa
Fraudar licitação, elevando arbitrariamente os preços, vendendo mercadoria falsificada ou deteriorada, entregando mercadoria por outra ou alterando substância, qualidade ou quantidade da mercadoria ou tornando mais onerosa a proposta ou o contrato	Detenção de 3 a 6 anos e multa
Admitir licitação ou celebrar contrato com empresa ou profissional inidôneo	Detenção de 6 meses a 2 anos e multa
Impedir ou dificultar inscrição de interessado nos registros cadastrais ou promover alteração, suspensão ou cancelamento de registro injustamente	Detenção de 6 meses a 2 anos e multa

OS PROBLEMAS DAS LICITAÇÕES

Quando a licitação se torna um negócio arriscado

A Lei de Licitações é clara ao estabelecer os limites da atuação dos órgãos públicos e das empresas. Fugir desses limites pode ser um negócio arriscado, não somente para a empresa como também para seus sócios. Em função dos princípios básicos que norteiam as compras públicas – transparência, legalidade, moralidade, entre outros –, a lei é rigorosa ao punir empresas que a descumprem e prevê inclusive sanções penais pesadas. Essa é uma característica própria da lei atual, já que até sua edição, em 1993, não havia sanções penais para casos de fraude em licitação, por exemplo.

Portanto, a empresa precisa ficar atenta para que uma atitude aparentemente inocente não a leve a uma sanção administrativa ou mesmo à condenação de seus administradores e sócios. São bastante comuns referências a acordos entre fornecedores para que todos saiam ganhando em prejuízo do órgão público e, por conseqüência, de toda a sociedade. Na verdade, não são raros os casos em que as licitações são contestadas na Justiça sob alegação de fraudes como essas e favorecimento de uma empresa em detrimento de outras pelo órgão público. Isso acaba por afastar muitas empresas do processo licitatório, por verem na licitação uma causa perdida. Ao mesmo tempo, outros participantes, por desconhecerem a lei, podem cair em armadilhas que os prejudiquem não somente no negócio em questão, mas em toda a sua atuação e de seus sócios.

Cartel de licitantes

O caso da licitação para a construção do Rodoanel de São Paulo é um exemplo que deve ser lembrado. Pela primeira vez, a Secretaria de Direito Econômico (SDE) do Ministério da Justiça realizou uma ação de busca e apreensão, e justamente em um caso que envolvia uma licitação. De acordo com reportagem publicada no jornal *Valor Econômico* em julho de 2003, a SDE constatou indícios de formação de cartel entre 23 empresas da indústria da mineração de pedra britada, que estariam combinando preços e dividindo licitações no

Sindicato da Indústria de Mineração de Pedra Britada do Estado de São Paulo (Sindipedras). Esse grupo de empresas, que representa 70% do mercado, estaria atuando dessa forma há cerca de quatro anos e causando prejuízo aos cofres públicos. De acordo com a SDE, que começou a investigar o setor de britas em abril de 2002 após uma denúncia anônima, as empresas se reuniam no sindicato da categoria às vésperas da realização de licitações para combinar preços e dividir o mercado. Um agente da Polícia Federal disfarçado de vendedor de planos de saúde recebeu a dica de retornar em um dia próximo a uma licitação, quando encontraria a casa cheia. O agente retornou com uma equipe e apreendeu uma série de documentos que indicam que o governo do Estado de São Paulo foi vítima da ação do cartel na construção do Rodoanel a partir de um acerto prévio para a realização de obras, acordo este caracterizado como crime de fraude à licitação.

Busca de fraudes

A ação da SDE é inovadora, mas, ao que tudo indica, uma tendência na busca de fraudes relacionadas à concorrência, o que inclui também os processos licitatórios. Prova disso é a investigação, também da SDE, que em outubro de 2003 estava sendo realizada no Rio Grande do Sul. A secretaria estava investigando a existência de um cartel entre empresas do setor de segurança privada que teriam fraudado diversas licitações no Estado. Foi instaurado um processo contra 21 empresas, três entidades e trinta pessoas físicas que integrariam o cartel. E novamente mais um passo no combate à fraude foi dado pela SDE: o processo é resultado do primeiro acordo de leniência já assinado no país. Pelo acordo de leniência, ex-integrantes do cartel ajudam as investigações com denúncias e, em troca, têm suas penas reduzidas ou anuladas, tanto no âmbito administrativo quanto no âmbito criminal. As empresas do setor de segurança privada foram acusadas de fraudar licitações públicas de diversos órgãos, determinando, a partir de acordos, qual seria o vencedor da licitação. Pelo acordo, os demais integrantes do cartel se comprometiam a participar sempre com preços superiores ao oferecido pela empresa que seria a vencedora. Uma outra empresa participante do cartel apresentaria documentos insuficientes, para que não fosse habilitada. Uma das empresas participantes do cartel venceu pelo menos catorze licitações realizadas por órgãos do Ministério da Fazenda apresentando preços cerca de 1,72% abaixo do teto máximo admitido na licitação.

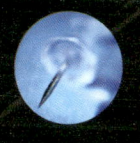

MUDANÇAS NAS LICITAÇÕES

SAIBA O QUE PODE MUDAR NA LEGISLAÇÃO QUE REGE OS CONTRATOS COM O PODER PÚBLICO

Há propostas de mudança na Lei de Licitações que tornam os procedimentos mais eficientes e ágeis

MUDANÇAS NAS LICITAÇÕES

SAIBA O QUE PODE MUDAR NA LEGISLAÇÃO QUE REGE OS CONTRATOS COM O PODER PÚBLICO

A Lei de Licitações pode mudar?

Há nada menos do que 93 projetos de lei que propõem mudanças na legislação

O anteprojeto da Lei Geral de Contratações da Administração Pública voltou para estudo no Ministério do Planejamento, Orçamento e Gestão depois da posse do presidente Luiz Inácio Lula da Silva. É possível ler a íntegra original do anteprojeto em www.comprasnet.gov.br.

*Em outubro de 2003, o **Projeto de Lei nº 146** estava em tramitação na Câmara dos Deputados, aguardando resposta de uma proposição para que tramitasse em regime de prioridade. É possível ler a íntegra do projeto em www.camara.gov.br.*

*grupo
As propostas do Sebrae podem ser vistas em www.sebrae.com.br.*

Embora a Lei de Licitações seja relativamente nova – foi sancionada em 1993 –, em outubro de 2003 havia 93 projetos de lei no Congresso Nacional para reformá-la. Apesar disso, apenas duas propostas de mudança são consideradas importantes por especialistas. Uma delas é o Projeto de Lei nº 146, de 2003. A outra é um anteprojeto de Lei Geral de Contratações da Administração Pública, elaborado durante a presidência de Fernando Henrique Cardoso. Embora apresentem diferenças, as duas propostas seguem a mesma linha de simplificação das licitações.

Em janeiro de 2004, no entanto, não se cogitava rapidez nessas mudanças. O governo de Luiz Inácio Lula da Silva estava estudando os projetos em andamento para modificá-los de acordo com seus objetivos e somente a partir daí colocar uma proposta em discussão com especialistas e com a sociedade em geral. Além disso, a base das licitações – o que inclui seus princípios básicos e procedimentos – não seria modificada drasticamente, mas apenas pontualmente.

Uma outra discussão sobre mudanças na Lei de Licitações envolve o governo federal a partir do fim de 2003. Um grupo composto por representantes do Ministério do Planejamento, Serviço Brasileiro de Apoio às Micro e Pequenas Empresas (Sebrae) e Sindicato da Micro e Pequena Indústria do Estado de São Paulo (Simpi) começou a debater o aumento da participação das micro e pequenas empresas nas licitações, mediante mudanças na Lei de Licitações. De acordo com o Sebrae, nos Estados Unidos as compras governamentais de até US$ 100 mil são reservadas às empresas de menor porte.

Por que modificar a legislação?

A Lei de Licitações prima pela moralidade, mas acabou burocratizando as compras públicas

A visão de muitos especialistas no assunto é a de que a Lei de Licitações, embora tenha sido um marco na tentativa de garantir maior transparência às compras públicas, engessou o processo e trouxe uma indesejável lentidão a todo o sistema, justamente por estabelecer vários procedimentos que, se de um lado proporcionam maior segurança à administração pública, de outro burocratizam e encarecem o processo.
Isso ocorre porque a lei foi sancionada em 1993 – um ano após o processo de *impeachment* do ex-presidente Fernando Collor de Mello –, quando o país clamava por maior moralidade no trato dos recursos públicos. Em função disso, acabou surgindo uma lei que primava pelo excesso de detalhes e burocratizava os procedimentos de compras públicas, além de criar pesadas penalidades a quem ultrapassar os limites impostos por ela. Se por um lado a iniciativa foi louvável, por outro acabou por imobilizar o sistema de compras dos governos e órgãos públicos. O princípio da eficiência acabou sendo prejudicado pelo princípio da moralidade.

MUDANÇAS NAS LICITAÇÕES

SAIBA O QUE PODE MUDAR NA LEGISLAÇÃO QUE REGE OS CONTRATOS COM O PODER PÚBLICO

As licitações podem ser mais eficientes?

O exemplo do pregão é usado como ponto de partida para as discussões sobre uma nova lei

A **Lei de Responsabilidade Fiscal**, sancionada em 2002, é uma espécie de código de conduta para os administradores públicos, que passaram a obedecer normas e limites na administração das finanças dos órgãos geridos por eles, prestando contas sobre quanto e como gastam os recursos da sociedade.

As duas propostas de mudança na Lei de Licitações que estavam em discussão em outubro de 2003 tinham como principal objetivo dar maior flexibilidade ao poder público na contratação com o setor privado. Isso ocorre porque os órgãos públicos necessitam de um sistema de compras que garanta maior economia – face às exigências impostas pela Lei de Responsabilidade Fiscal – e também maior eficiência e rapidez, sem no entanto esquecer os demais princípios – como a moralidade e a legalidade – que regem a atuação do setor público. A eficiência e a economia desejadas pelo poder público vieram com o pregão. A redução da burocracia prevista na lei que o criou acabou por trazer inúmeras vantagens à administração pública, que hoje pode realizar licitações em prazo muito menor, garantindo maior redução nos preços obtidos. Não é à toa que um dos projetos em estudo tem como uma das principais mudanças a inversão das fases de habilitação e de apresentação de propostas e o uso cada vez maior dos meios eletrônicos a favor dos órgãos públicos.

Como a tecnologia pode ajudar a licitação?

As propostas de mudança têm objetivos mais amplos: ampliar o uso da tecnologia nos procedimentos e aumentar a competição entre empresas

O governo federal tem outros dois objetivos ao propor mudanças na Lei de Licitações. Um deles é aliar a tecnologia ao processo licitatório. Com o desenvolvimento tecnológico e o crescimento do comércio eletrônico, a Lei de Licitações acabou ficando defasada em relação aos instrumentos existentes por meios eletrônicos, que garantem maior economia de gastos públicos. Por outro lado, pesquisas revelam que o Brasil está entre os vinte países mais adiantados do mundo no que diz respeito a ferramentas de governo eletrônico, um potencial que pode ser mais aproveitado nas licitações.

Mais uma vez, o pregão serve como exemplo para as mudanças a serem implementadas nessa área, em especial o pregão eletrônico. Para se ter uma idéia, de janeiro a setembro de 2003 o governo federal obteve uma economia de R$ 16,1 milhões com o uso do pregão eletrônico nas suas compras. Não é à toa que o pregão foi, nesse período, a modalidade utilizada para quase 59% das compras do governo federal, incluindo a administração direta e indireta. Portanto, cresce a idéia de que o uso da tecnologia na área de licitações deve ser estimulado, o que cria a necessidade de flexibilização da Lei de Licitações.

MUDANÇAS NAS LICITAÇÕES
SAIBA O QUE PODE MUDAR NA LEGISLAÇÃO QUE REGE OS CONTRATOS COM O PODER PÚBLICO

O que muda na prática?

A inversão das fases de habilitação e classificação, a exemplo do que ocorre com o pregão, é uma das possibilidades

Uma das principais mudanças que se pretende promover na legislação que trata das licitações está presente em uma das propostas em estudo. É a inversão das fases de habilitação e classificação. Todas as modalidades previstas na Lei de Licitações estabelecem que a habilitação dos participantes deve ser feita sempre antes da

LEI DE LICITAÇÕES E AS NOVAS PROPOSTAS

	Lei nº 8.666/93	Anteprojeto do governo federal anterior	Projeto de Lei nº 146/2003
Abrangência	Aplicável a todas as obras, serviços, compras, alienações, concessões, permissões e locações da administração pública	Aplicável a todas as contratações, exceto obras e serviços de engenharia, que continuam regidos pela Lei nº 8.666	Aplicável a obras, serviços, compras e alienações, exceto concessões de serviços públicos
Modalidades	Concorrência Tomada de preços Convite Concurso Leilão Pregão (Lei nº 10.520)	Convocação geral Pregão Cotação permanente Leilão de bens Seleção extraordinária Consulta Justificação	Concorrência Concurso Convite Leilão Pregão
Dispensa e inexigibilidade	A licitação é dispensada em inúmeros casos e inexigível em caso de inviabilidade de competição	Os casos de dispensa, em sua maior parte, passam a ser submetidos ao procedimento de consulta. O procedimento de justificação deve ser aplicado em casos de inviabilidade de disputa	Prevê vários casos de dispensa (incluindo licitações com valor do objeto inferior ao custo do processo licitatório e casos de urgência) e inexigibilidade quando houver inviabilidade de competição

classificação das propostas. Isso acaba aumentando os custos das licitações para os órgãos públicos, uma vez que é preciso analisar a documentação de todos os participantes do procedimento para então abrir a fase de classificação das propostas comerciais. Quando foi criado, o pregão inverteu as duas fases: a classificação ocorre antes da habilitação, o que faz com que a administração pública analise apenas os documentos do vencedor da proposta. Somente se ele não for habilitado é que se analisam os documentos do segundo colocado, e assim por diante, até que se declare o vencedor.

Uma das propostas de nova Lei de Licitações faz exatamente o mesmo: inverte as duas fases para gerar economia e maior agilidade no processo licitatório.

	Lei nº 8.666/93	Anteprojeto do governo federal anterior	Projeto de Lei nº 146/2003
Fases	Publicação do edital Habilitação Classificação Homologação Adjudicação	Preparatória Convocatória Classificatória Habilitatória Adjudicatória Recursal Homologatória	Publicação do edital Habilitação Classificação Adjudicação Homologação
Publicidade	Obrigatória publicação do edital em Diário Oficial da União ou do Estado e em jornal de grande circulação	Obrigatória a convocação na internet, se houver *site* oficial. Documentos relevantes devem ser divulgados na internet ou em diário oficial. Dispensada a exigência de publicação em jornais	Publicação do edital e de procedimentos auxiliares em diário oficial e em jornal de grande circulação e, facultativamente, por meio eletrônico
Comunicação	Mudanças no edital devem ser divulgadas da mesma maneira que o texto original. Outras comunicações devem ser feitas, em regra, por publicação na imprensa oficial	Notificações a participantes podem ser feitas pessoalmente, por via postal e por meio eletrônico ou telefônico, desde que devidamente registradas	Mudanças no edital devem ser divulgadas como o texto original. Salvo as normas de publicação do edital, habilitação, classificação e homologação, os demais podem ser realizados por comunicação ao participante

MUDANÇAS NAS LICITAÇÕES

O aspecto social das licitações

O aumento do uso da tecnologia nas licitações e a mudança na ordem dos procedimentos podem garantir maior agilidade e eficiência às compras públicas. Mas, além desses objetivos, o governo federal pretende inaugurar uma nova fase nas licitações realizadas no país. A idéia é que elas sirvam de instrumento para garantir também uma melhoria das condições sociais do país, fomentando o desenvolvimento e reduzindo as desigualdades sociais.

De acordo com o diretor do Departamento de Logística e Serviços Gerais do Ministério do Planejamento, Orçamento e Gestão, Alexandre Ribeiro Motta, o principal objetivo da lei é permitir, por meio do imenso poder de compra dos governos federal, estaduais e municipais, uma redistribuição da renda e a geração de novos postos de trabalho. Ou seja, o governo federal pretende fazer política social também com uma legislação de caráter específico. Isso já vem ocorrendo em países desenvolvidos, que aproveitam o poder de compra dos governos para induzir o desenvolvimento de setores menos favorecidos da economia.

Redistribuição de renda

A forma para que isso ocorra parece simples: o incentivo à participação de micro e pequenas empresas – as grandes geradoras de emprego e renda no país – nas licitações. Se essa participação aumentar, acredita-se que seja possível utilizar as licitações para fazer com que os recursos que o poder público gasta com as suas compras não sejam direcionados majoritariamente às grandes empresas, concentradoras de renda, mas a várias pequenas empresas, provocando uma maior distribuição de renda no país. Isso quer dizer que o lucro proveniente das vendas ao poder público, em vez de ser direcionado a poucos grandes empresários, poderia ser distribuído a vários pequenos empresários, que investiriam no aumento de sua produção e, conseqüentemente, na contratação de novos funcionários, criando um efeito em cascata que auxiliaria o desenvolvimento econômico do país e a redistribuição de renda. Hoje, embora o número de micro e pequenas empresas entre os fornecedores do governo federal esteja em crescimento, sua participação no total das compras governamentais ainda é de apenas 13%.

Meios eletrônicos

Para viabilizar essa política, no entanto, é preciso desburocratizar a lei e criar mecanismos legislativos que garantam incentivos à participação das micro e

pequenas empresas nos processos licitatórios. O uso de meios eletrônicos nas licitações já é, por si só, uma forma de permitir a participação de empresas de menor porte. Isso porque empresas pequenas muitas vezes se interessam por licitações de um determinado setor, mas não possuem estrutura e nem pessoal suficiente para participar de todos os procedimentos. Portanto, a possibilidade de concorrer com outras empresas diretamente pela internet em igualdade de condições é também uma forma de estímulo às micro e pequenas empresas.
Uma das formas estudadas pelo governo federal para promover uma maior participação de micro e pequenas empresas nos processos licitatórios é a inclusão digital. A idéia é construir telecentros para acesso à internet em 6.000 localidades, praticamente um em cada município do país.

Além de permitir uma desconcentração da renda proveniente das licitações, a lei também pode ser utilizada para estimular empresas de determinadas regiões, cooperativas ou ainda empresas que se comprometam a garantir proteção ambiental ou geração de empregos a participar de licitações.
É importante deixar claro que a Lei de Licitações já oferece igualdade de condições a qualquer empresa que se interesse em participar de licitações, e o crescimento da presença dessas pequenas empresas já é sentido. Mas há meios de reduzir a burocracia para que empresas de menor porte sejam estimuladas a participar. Dessa forma, o governo federal estaria possibilitando uma maior divisão dos recursos aplicados nas compras públicas entre as empresas.

A HISTÓRIA DAS LICITAÇÕES

Do espólio das guerras
aos grandes contratos

A palavra "licitação" é proveniente do latim "*licitatione*", que significa venda por lances. Ao contrário do que se imagina, não surge da palavra "lícito", como pode parecer, já que um dos grandes objetivos desse sistema de compra pública é manter a transparência e probidade das compras públicas.
Esse tipo de venda já existia na Roma Antiga e era utilizado para a comercialização do espólio das guerras. Os produtos eram expostos em meio a lanças fincadas no chão e a população fazia ofertas de compra por eles. Aos poucos, esse processo foi estendido aos contratos públicos para a compra de produtos pelo governo.
No entanto, a história conta que, mesmo antes de Roma, as licitações já eram utilizadas. Alguns especialistas afirmam que seu conceito – a obtenção dos melhores resultados para as contratações – estava presente no Código de Hamurabi, elaborado em 1694 antes de Cristo pelo rei da Babilônia, ou mesmo entre os chineses.
Mais tarde, o Código de Justiniano – a compilação das leis romanas, realizada entre 533 e 565 pelo imperador Justiniano, governante do Império Bizantino, e que serviu de base para o direito civil romano, origem do direito de todos os países latinos – generalizou a venda pública de bens fiscais, estendendo-a mais tarde à contratação de obras públicas. Um censor era encarregado de dirigir a contratação das obras, preparar o contrato e adjudicar a licitação. Ele tinha a possibilidade de vetar fornecedores que não considerasse idôneos ou que tivessem deixado contratos anteriores sem total cumprimento.
Após a Idade Média, com o surgimento de grandes obras de interesse coletivo, tiveram início os procedimentos licitatórios propriamente ditos para enfrentar a competição entre participantes interessados. Nessa época, normalmente o responsável pela licitação acendia uma vela, e os interessados em vender ao governo podiam fazer suas ofertas até que a vela se consumisse por completo.
No Brasil, também há dúvidas sobre o surgimento das licitações. Entretanto, considera-se que o marco legal das licitações é o Código de Contabilidade Pública da União – a Lei nº 4.536, de 28 de janeiro de 1922 –, que adotou o princípio da concorrência e estabelecia cinco casos de

dispensa de licitação. Mas alguns especialistas afirmam que, mesmo antes do Código de Contabilidade, a licitação estava presente no ordenamento jurídico brasileiro.
Em 1862, o Decreto nº 2.926 regulamentou a arrematação de serviços a cargo do então Ministério da Agricultura, Comércio e Obras Públicas. Mais tarde, a Lei nº 2.221, de 1909, fixou regras a serem observadas no processo das concorrências, e outras leis de 1917 e 1922 também tratavam do tema. Seguiram-se novas leis que ratificavam o sistema de concorrência para a aquisição de materiais e contratação de obras e serviços, embora excluíssem as empresas públicas e as sociedades de economia mista.
Mas foi em 1967 que a licitação recebeu abrangência nacional com a edição do Decreto-lei nº 200, que promoveu a reforma administrativa realizada durante o governo militar para resolver o problema da existência de diversas normas esparsas. Entre vários outros pontos, o decreto disciplinou os procedimentos a serem seguidos nas contratações da administração pública, já incluindo as autarquias. O detalhamento da matéria, no entanto, veio somente em 1986, com o Decreto-lei nº 2.300, que disciplinava as licitações de forma abrangente e permitia que os Estados também pudessem estabelecer regras próprias, desde que obedecessem aos princípios do decreto.
A matéria avançou ainda mais em 1988, quando a Constituição Federal dedicou às licitações referências diretas. Os dispositivos estabelecidos na Constituição foram, então, regulamentados pela edição da Lei nº 8.666 em 1993.

GLOSSÁRIO

Aditamento é a alteração possível de ser realizada em um contrato fechado entre as partes.

Adjudicação é a fase da licitação em que é escolhida a empresa vencedora.

Administração pública é o conjunto de órgãos e entidades que compõem o aparato administrativo do Estado.

Administração pública direta é o conjunto de órgãos que fazem parte da estrutura do Poder Executivo, como os ministérios e secretarias de Estado.

Administração pública indireta é o conjunto de entidades ligados aos governos, mas que detêm personalidade jurídica própria, como as autarquias e sociedades de economia mista.

Advertência é o ato de advertir pelo descumprimento de normas estabelecidas em licitações. É um tipo de sanção aplicada à empresa participante que descumpre as normas previstas em lei.

Alienação é a transferência de domínio de bens da administração pública a particulares.

Anulação de licitação ocorre quando o processo licitatório é considerado nulo por apresentar alguma ilegalidade.

Autarquia é o serviço autônomo criado por lei, com personalidade jurídica, patrimônio e receitas próprios, para executar atividades típicas da administração pública que requeiram gestão administrativa e financeira descentralizada.

Autoridade superior, em compras públicas, é a pessoa acima do presidente da comissão de licitação. É o responsável pelo órgão público que realizou a licitação, como o prefeito, secretário estadual ou presidente de um órgão ou instituição.

BEC é a Bolsa Eletrônica de Compras do governo do Estado de São Paulo, que centraliza todos os pregões eletrônicos do Estado e é considerada uma das mais importantes bolsas eletrônicas para licitação do país.

Cadastro prévio é a forma criada pela administração pública para reduzir a burocracia dos processos licitatórios mediante a pré-habilitação das empresas interessadas em negociar.

Certificado de Registro Cadastral é o documento que garante que a empresa está regularmente registrada em um cadastro prévio de fornecedores de algum órgão público.

Classificação é a fase da licitação em que são analisadas as propostas das empresas participantes para a escolha da vencedora

Comissão de licitação é a comissão responsável por toda a licitação, formada por funcionários do órgão licitante.

Comissão julgadora é a comissão responsável pelo julgamento das propostas apresentadas durante a licitação e que decidirá quem é o vencedor.

Comprasnet é o *site* mais importante para a realização de compras eletrônicas do governo federal, que centraliza todos os pregões eletrônicos da União.

Comprovação de regularidade fiscal é a relação de documentos que comprovam que uma empresa está em dia com todas as suas obrigações fiscais.

Concorrência é a modalidade de licitação mais ampla existente, que permite a participação de qualquer empresa interessada em contratar com a administração pública.

Concurso é a modalidade de licitação destinada à contratação de trabalhos intelectuais, científicos, artísticos ou técnicos.

Consórcio, nas compras públicas, é a reunião de diversas empresas para participar de uma licitação.

Contratação é a efetivação de um contrato entre duas partes; no caso de licitações, entre a empresa vencedora e o órgão licitante.

Contrato administrativo é o instrumento contratual que rege a relação comercial entre a administração pública e a empresa privada.

Convite é a modalidade de licitação destinada a compras de menor valor e que permite que a própria administração pública escolha as empresas que serão convidadas a participar.

Declaração de inidoneidade é uma sanção, imposta pela Administração Pública, que impede a empresa de participar de licitações e celebrar contratos administrativos.

Dispensa de licitação é a forma pela qual a administração pública, de acordo com critérios estabelecidos em lei, contrata empresas para o fornecimento de bens ou serviços sem licitação.

Edital é o documento pelo qual a administração pública anuncia a necessidade de comprar bens ou serviços e detalha os parâmetros da compra a ser realizada, incluindo preço, formas de pagamento, características do produto ou serviço etc.

Empresa pública é a entidade dotada de personalidade jurídica de direito privado, com patrimônio próprio e capital exclusivo do Poder Público ou de suas entidades da administração indireta, criada por lei para desempenhar atividades econômicas que o governo seja levado a exercer por motivos de conveniência ou contingência administrativa.

Equipe de apoio, nas licitações, é o grupo de pessoas que auxilia o pregoeiro durante o pregão.

Esclarecimento, nas compras públicas, é o pedido de informações adicionais a respeito da licitação.

Estatal é a empresa pertencente à administração pública.

Excesso de exigências, em um edital de licitação, é o que ocorre quando ele extrapola as previsões da lei e exige dos participantes mais do que poderia.

Fase externa, nas compras públicas, é a fase pública da licitação, cujo acesso é permitido a todos os interessados.

Fase interna, nas compras públicas, é a fase inicial da licitação, que consiste em determinar a necessidade da licitação, a garantia de verbas para a compra do bem ou serviço e a elaboração do edital com as definições das condições da licitação.

Fato do príncipe é uma denominação para mudanças feitas por iniciativa do governo, como um aumento tributário, por exemplo. Originada na expressão latina "*factum principis*", diz respeito a decisões que não se relacionam diretamente com o contrato, mas o influenciam.

Fatura de pagamento é o documento que garante à empresa fornecedora o recebimento pelos produtos ou serviços prestados.

Fraude é a tentativa, com ou sem êxito, de desvirtuar as características de uma relação comercial entre particulares ou com o poder público na intenção de obter vantagens que prejudiquem uma das partes.

Fundação é a entidade dotada de personalidade jurídica de direito privado sem fins lucrativos, criada por autorização legislativa para o desenvolvimento de atividades cuja execução não caiba obrigatoriamente a órgãos ou entidades de direito público. Tem autonomia administrativa, patrimônio próprio gerido pelos respectivos órgãos de direção e é custeada por recursos da União e de outras fontes.

Gestor do contrato, no órgão público, é o responsável pela administração do contrato fechado entre a empresa privada e a administração pública.

Habilitação, nas compras públicas, é a comprovação de que a empresa está apta a participar da licitação, ou seja, que atende a todas as exigências previstas em lei.

Habilitação jurídica é a comprovação de que a empresa é juridicamente perfeita, ou seja, que foi constituída de acordo com a lei.

Homologação, nas compras públicas, é a declaração do vencedor da licitação.

Igualdade é o princípio da administração pública que estabelece o mesmo tratamento aos iguais, sem favoritismos ou parcialidades.

Impessoalidade é o princípio do poder público que define que a finalidade deve ser sempre o interesse público, e nunca o interesse próprio ou de terceiros.

Impugnação, em compras públicas, é o ato de contestar um edital durante o processo de licitação, que pode ou não ser aceito pela comissão de licitação.

Inabilitação, em compras públicas, é a eliminação de uma empresa do processo licitatório por não ter cumprido os requisitos necessários à habilitação.

Inexigibilidade de licitação é a forma de contratação de bens ou serviços pela administração pública que impossibilite a realização de uma licitação, por falta de condições para a competição entre empresas.

Instrumento convocatório é o documento que convoca a empresa para participar de um processo de licitação, utilizado nas licitações pela modalidade convite.

Isonomia é o princípio da igualdade jurídica, ou seja, que estabelece tratamento igual aos iguais.

Julgamento das propostas, em um processo licitatório, é a fase de escolha da empresa vencedora, de acordo com o tipo de licitação realizada.

Legalidade é o princípio da vinculação dos atos do administrador à lei.

Lei de Licitações é a Lei nº 8.666, de 1993, que define como devem ser feitas as compras e a contratação de serviços pela administração pública.

Lei de Responsabilidade Fiscal é a lei que estabelece normas e limites para a administração das finanças dos órgãos públicos.

Leilão é a modalidade de licitação utilizada para a venda ou alienação de bens públicos à iniciativa privada.

Licitação é a forma definida em lei, e prevista na Constituição, para que a administração pública compre bens ou contrate serviços.

Licitação deserta é aquela em que não surge nenhum interessado em participar do processo e contratar com o órgão público.

Licitante é o órgão da administração pública que realiza a licitação.

Liminar é uma decisão judicial provisória para garantia de um suposto direito que poderia ficar prejudicado caso se esperasse o andamento normal do processo. A liminar é concedida pelo juiz quando ele se convence de que há risco de dano irreversível ao autor do processo, antes de analisado o mérito da questão ou ouvida a parte contrária.

Maior lance é um tipo de licitação em que o vencedor é aquele que oferece o maior valor pelo bem; é utilizado somente em leilões.

Mandado de segurança é uma ação judicial de emergência utilizada para garantir um direito líquido e certo.

Melhor técnica é um tipo de licitação em que o critério de escolha do vencedor é a melhor técnica apresentada.

Memorial descritivo, em compras públicas, é o documento que detalha o objeto da licitação.

Menor preço é um tipo de licitação em que o vencedor é aquele que oferece o menor preço.

Ministério Público é o órgão incumbido de defender os interesses da sociedade e de fiscalizar a aplicação e a execução das leis.

Minuta do contrato é uma cópia do contrato que futuramente será celebrado entre as duas partes.

Modalidade de licitação é o procedimento escolhido pelo administrador para ser adotado no processo licitatório.

Moralidade é o princípio que estabelece que a atividade do administrador deverá ser legal, justa, conveniente, oportuna, ética e honesta.

Multa é um tipo de sanção aplicada a uma empresa ou indivíduo que descumpre as normas previstas em lei.

Objeto da licitação é o bem ou serviço que a administração pública quer adquirir mediante a licitação.

Órgão licitante é o órgão público que realiza a licitação.

Pedido de reconsideração é um tipo de recurso administrativo que contesta sanções aplicadas pela administração pública.

Poder público é a administração pública direta ou indireta.

Preço inexeqüível é o preço apresentado por uma empresa ou indivíduo, para a venda do bem ou serviço a ser contratado, que é impossível de ser praticado no mercado.

Pregão é a modalidade mais nova de licitação utilizada para bens e serviços padronizados no mercado, sempre pelo tipo menor preço.

Pregão eletrônico é o pregão realizado por meio da internet.

Pregoeiro é o responsável pelo pregão, aquele que comanda todo o processo de escolha da empresa vencedora.

Presidente da comissão de licitação é o responsável por todo o processo licitatório dentro do órgão público que iniciou a seleção para a compra pública.

Probidade administrativa é a moralidade somada à eficácia do administrador público.

Processo licitatório é o conjunto de procedimentos de uma licitação, incluindo todas as suas etapas.

Publicidade é o princípio da administração pública que estabelece a obrigatoriedade de divulgação do ato para conhecimento público.

Qualificação econômica e financeira, em compras públicas, é a etapa da habilitação que visa garantir à administração pública que empresa tem capacidade econômica para cumprir o contrato caso vença a licitação.

Qualificação técnica, em compras públicas, é a etapa da habilitação que visa garantir à administração pública que a empresa tem capacidade técnica para cumprir o contrato caso vença a licitação.

Recurso é o instrumento utilizado para questionar problemas junto à adminitração pública ou à Justiça. Ele pode ser administrativo ou judicial.

Recurso administrativo é o questionamento formal feito pela empresa ou cidadão a um órgão público para solucionar uma dívida ou divergência.

Recurso hierárquico é um tipo de recurso administrativo utilizado para contestar uma licitação.

Recurso judicial é o questionamento feito pela empresa ou indivíduo no Poder Judiciário para solucionar uma divergência, independentemente de recurso administrativo.

Representação é um tipo de recurso administrativo utilizado para contestar uma decisão relacionada ao objeto da licitação.

Revogação de licitação é o ato que revoga o processo licitatório quando a administração pública perde o interesse pelo objeto a ser licitado.

Sanção é a penalidade imposta pelo descumprimento de normas estabelecidas em lei.

Sessão pública, em licitações, é o ato em que as empresas participantes e a comissão de licitação se reúnem para começar o processo de escolha da melhor proposta.

Sicaf é o Sistema de Cadastramento Unificado de Fornecedores criado pelo governo federal para desburocratizar as licitações com a habilitação prévia de empresas interessadas em contratar com a administração pública.

Sociedade de economia mista é a empresa dotada de personalidade jurídica de direito privado, criada por lei para a exploração de atividade econômica sob a forma de sociedade anônima, cujas ações com direito a voto pertençam, em sua maioria, ao governo ou a uma entidade da administração indireta.

Suspensão temporária, nas compras públicas, é um tipo de sanção que impede a empresa de participar de licitações por um determinado período de tempo.

Técnica e preço é um tipo de licitação que utiliza os critérios de técnica e preço para definir o vencedor.

Tipo de licitação é o critério utilizado para definir o vencedor da licitação, que pode ser pelo menor preço, melhor técnica ou preço técnica.

Tomada de preços é a modalidade de licitação que exige cadastro prévio no órgão licitante.

Tribunal de Contas é o órgão responsável pela análise da gestão financeira e administrativa da administração pública federal, estadual e municipal.

BIBLIOGRAFIA

ACQUAVIVA, Marcus Cláudio. *Dicionário Jurídico Brasileiro Acquaviva*. 11ª ed. São Paulo: Jurídica Brasileira, 2000.

BOSELLI, Paulo. Sim*plificando as licitações (inclusive o pregão)*. 2ª ed. São Paulo: Edicta, 2002.

Constituição da República Federativa do Brasil. 8ª ed. São Paulo: Saraiva, 2003.

COSTA JR, Paulo José. *Direito penal das licitações*. 2ª ed. São Paulo: Saraiva, 2004.

Curso prático de licitações – Módulo 1 – Programa de Formação em Vendas para o Governo. RHS Licitações, 2003.

DALLARI, Adilson Abreu. *Aspectos jurídicos da licitação*. 6ª ed. São Paulo: Saraiva, 2003.

DROMI, Roberto. *Licitación pública*. Buenos Aires: Ediciones Ciudad Argentina, 1995.

FURTADO, Lucas Rocha. *Curso de licitações e contratos administrativos – teoria, prática e jurisprudência*. São Paulo: Atlas, 2001.

GOMES DE MATTOS, Marcos Roberto. *O contrato administrativo*. 2ª ed. Rio de Janeiro: América Jurídica, 2002.

GRANZIERA, Maria Luiza Machado. *Contratos administrativos – gestão, teoria e prática*. São Paulo: Atlas, 2002.

Lei de Responsabilidade Fiscal. 2ª ed. São Paulo: Saraiva, 2001

Licitações e Contratos da Administração Pública. 9ª ed. São Paulo: Saraiva, 2003.

JUSTEN FILHO, Marçal. *Comentários à Lei de Licitações e contratos administrativos*. 9ª ed. São Paulo: Dialética, 2002.

MARTINS JÚNIOR, Wallace Paiva. *Probidade administrativa.*
2ª ed. São Paulo: Saraiva, 2002.

MODESTO, Paulo e MENDONÇA, Oscar (coords.). *Direito do Estado. Tomo 2 - direito administrativo.*
São Paulo: Max Limonad, 2001.

MUKAI, Toshio. *A empresa privada nas licitações públicas – manual teórico e prático.* São Paulo: Atlas, 2000.

____. *Concessões, permissões e privatizações de serviços públicos.* 4ª ed. São Paulo: Saraiva, 2002.

PESSOA, Robertônio Santos. *Curso de direito administrativo moderno.* 2ª ed. Rio de Janeiro: Forense, 2003.

RIGOLIN, Ivan Barbosa e BOTTINO, Marco Tullio. *Manual prático das licitações.* 4ª ed. São Paulo: Saraiva, 2002.

SILVA, Arídio; RIBEIRO, J. Araújo e RODRIGUES, Luiz A. *Desvendando o pregão eletrônico.* Rio de Janeiro: Revan, 2002.

SOUZA, Fátima Regina de. *Manual básico de licitação.*
São Paulo: Nobel, 1997.

TOLOSA FILHO, Benedito. *Contratando sem licitação – Comentários teóricos e práticos.* 2ª ed. Rio de Janeiro: Forense, 2000.

____. *Licitações – comentário, teoria e prática.* Rio de Janeiro: Forense, 2000.

O *Guia Valor Econômico de Licitações* tem por finalidade apenas instruir e informar o leitor. Este material não deve ser interpretado como uma sugestão ou orientação específica para que você tome qualquer atitude em sua empresa.

Este livro foi composto nas fontes Frutiger e
Berkeley e impresso em fevereito de 2004, com
fotolitos fornecidos pela Editora Globo S.A.